U0566660

· 全面深化改革研究书系 ·

经济改革新征程

THE NEW EXPEDITION OF ECONOMIC REFORMS

张卓元 著

社会科学文献出版社
SOCIAL SCIENCES ACADEMIC PRESS (CHINA)

总　序

　　党的十八大以来，习近平总书记发表了一系列重要讲话，提出了许多富有创见的新思想、新观点、新论断，为我们在新的历史起点上实现新的奋斗目标提供了基本遵循。这一系列重要讲话是对党的十八大精神的深化和拓展，是对中国特色社会主义理论体系的丰富和发展，是在我国经济社会发展的决定性阶段坚持和发展中国特色社会主义的政治纲领，是全面阐述事关中国特色社会主义前途命运重大原则问题的马克思主义文献，是指导我们推进中国特色社会主义伟大实践、实现"两个一百年"奋斗目标和中华民族伟大复兴中国梦的行动指南。全面贯彻落实习近平总书记重要讲话，是我们当前和今后一个时期的重要工作。

　　贯彻落实习总书记系列讲话，要求我们不仅方向明确，也要路径清晰，不仅要快速推进，更要注重成效，蹄疾而步稳。当前，在全面深化改革上，依然存在改什么、怎么改以及孰先執后的问题；具体到改革的各个领域、层次、板块，具体到改革的策略与方法，依然存在争议、误解甚至盲区；在贯彻落实习近平总书记重要讲话上，依然存在如何落实、具体路径等问题。为此，既需要在实践中大胆探索，也需要在理论上小心论证。而后者，为社会科学工作者乃至学术出版人提供了机遇，也是中国社会科学工作者义不容辞的使命。

中国社会科学院是党中央直接领导、国务院直属的国家哲学社会科学研究机构。长期以来，以中国社会科学院为代表的社会科学研究者，秉承学术为社会服务、为大众服务的宗旨，辛勤耕耘，努力进取，时刻关注重大现实理论问题研究，为党和国家的发展建言献策。在改革开放以来的每一个历史节点，从党的大政方针到具体制度的构建，中国社会科学院都发出了自己应有的声音，切实起到了党和国家重要思想库和智囊团的作用。在当前全面深化改革、跨越中国历史三峡的重要时刻，中国社科院尤其要发挥自身理论优势，为改革释疑解惑、谋划布局。

为全面贯彻落实十八届三中全会决定和习近平总书记系列重要讲话，由中国社科院牵头，社会科学文献出版社具体组织实施，推出"全面深化改革研究书系"。书系选取了15个专题，约请国内该领域重要学者主持撰写，形成系列丛书。我们的设想是：

1. 所有专题都必须探讨当前深化改革实践中的难点问题、

重点问题和关键问题。

2. 所有写作者必须是对这些问题深有研究的学者。他们不仅在理论上卓有建树，是某些重要理论观点甚至学派的创始人或者代表，还长期关注社会实践，参与党和国家某些重要政策的制定或论证。

3. 各专题的写作者对十八大精神和习总书记讲话的渊源以及理论与实践基础有深刻研究、深透认识。

4. 书系总体为应用对策研究，要求有观点、有论证、有调研、有数据、有方案，实证性突出。

根据上述标准，我们选取的 15 个专题是：改革开放与中国经验、经济体制改革、财政制度、企业绩效革新、人口问题、城镇化、国家治理现代化、依宪治国、文化市场、社会组织体制建设、生态文明建设、党的建设等。这些专题覆盖了十八大报告所论及的经济建设、政治建设、文化建设、社会建设、生态文明建设、党的建设、军队建设七大方面中，除党的建设和军队建设外的五个主要方面，都属于改革中的关键点。各专题的写作者多数来自中国社科院，也有部分来自中央编译局、清华大学等国内重要研究机构与高校，全部是各该领域的顶尖级学者。这些学者已有的学术积淀，以及他们长期为党和国家政策制定担当智识支持的经历，保证了书系的权威性、实用性和指导性。从各专题的成稿情况看，作者问题意识强，对当前改革的难点和重点反映多，理论探讨深入。书中提出的对策方案，也有较强的可操作性。总体而言，书系内容翔实，讨论深入，对现实有参考意义，基本达到了我们的要求。当然，学无际涯，改革无止境，诚挚欢迎学界同道讨论批评。

书稿初成之际，得知书系入选国家新闻出版广电总局的"深入学习贯彻习近平总书记系列重要讲话精神主题出版重点图书"，并获得国家出版基金支持，不胜欣喜，也很受鼓舞。2014 年是中国的马年，也是全面深化改革的开局之年，正当扬鞭奋蹄，开启新程。

是为序。

王伟光

2014 年 2 月 5 日

摘　要

2013 年 11 月《中共中央关于全面深化改革若干重大问题的决定》（下文简称《决定》）是在我国进入全面建成小康社会决定性阶段指导全党全国全面深化改革的纲领性文献，是对我国到 2020 年完善和发展中国特色社会主义制度，推进国家治理体系和治理能力现代化作出的重要部署。

1978 年实行改革开放以来的几次影响重大的改革，如农村家庭联产承包制改革、价格改革、1992 年确立社会主义市场经济体制的改革目标、2001 年加入世界贸易组织等，极大地促进了生产力发展和人民生活水平的提高。但 2003 年以来近十年出现改革进展缓慢，十八大和十八届三中全会《决定》标志着中国重启改革议程，吹响了改革攻坚的新号角。

《决定》将改革扩展到深化经济、政治、文化、社会和生态文明体制的改革，是全面的"五位一体"的改革。全面深化改革要以经济体制改革为重点，仍应坚持以经济建设为中心，积极稳妥地从广度上和深度上继续深化市场化改革，打牢中国特色社会主义的物质基础。要发挥经济体制改革对其他改革的牵引作用。

中国经济在快速发展过程中逐渐显露不平衡、不协调、不可持续的问题，长期粗放扩张带来的资源和环境瓶颈制约越来越突出，面临从追求数量、扩张规模到追求质量、讲求效率转变的迫切任务。经济转型和发展方式转变要靠深化改革，形成激励经济转型和发展方式转变的体制机制。这里包括：坚持和完善基本经济制度；积极发展混合所有制经济；形成全国统一开放竞争有序的现代市场体系；主要由市场机制配置资源；生产要素和资源产品价格要真实反映市场供求关系、资源稀缺程度、环境和生态损害成本；加快转变政府职能；深化财政金融体制改革；各个市场主体竞相通过创新驱动增强竞争力；发展成果由全国人民公平共享；等。

Abstract

The CCP's Decision on Deepening the Reform of Some Major Issues ("the decision" henceforth) passed in November 2013 is a programmatic document which guides China to deepening the reform in the era of fully completed the decisive stage of well-off society, and is an important deployment for the improvement and development of Chinese socialist system, promoting the modernization of national governance system.

Several important reforms conducted since 1978 have greatly promoted the development of productivity and the improvement of people's living standard, such as the reform of the rural family contract system, price reform, the reform goal of socialist market economy proposed in 1992, as well as the accession to the World Trade Organization (WTO). However, since 2003 the reform progress was slowed down. Therefore, "the decision" made in the

Eighteen CPC National Congress and its Third Plenary Session marks the Chinese restart the reform agenda, sounded the clarion call of the new reform.

"The decision" deepens the reform of economy by extending it to the political, cultural, social and ecological civilization system, and thus is a comprehensive reform of the five in one. Deepening the reform should take economic system reform as the key point, persist in taking economic construction as the center, actively and steadily continue to deepen market-oriented reform from the breadth and depth, and lay a solid material foundation of socialism with Chinese characteristics. In fulfilling this target, economic system should play a role in traction of other reforms.

The unbalanced, uncoordinated, unsustainable problems in Chinese economy are gradually revealed in the process of rapid development, meanwhile the long-term extensive expansion of resources and environmental bottleneck constraints become increasingly prominent, and thus China faces the transformation from the pursuit of quantity expansion to the urgent task of the pursuit of quality and efficiency change. To deepen the reform on the transformation of the economic transformation and development mode, it is necessary to deepen the reform to form the systems and mechanisms for changing the motivation of economic transformation and development mode. It includes sticking to and improving the basic economic system, actively developing the mixed ownership economy; developing a modern market system with orderly competition of national unified open market; allocating resources mainly by the market mechanism, allowing the prices of products as well as the prices of production and resources to reflect the true market supply and demand, resource scarcity, environmental and ecological damage costs; speeding up the transformation of government functions; deepening the reform of the fiscal and financial system; encouraging all the market main body to enhance the vitality of competitiveness through the driven of innovation; allowing the national people to share the fruits of development fairly.

目 录
CONTENTS

目 录
CONTENTS

第一章
十八届三中全会《决定》
重启改革议程

　　2013 年 11 月《中共中央关于全面深化改革若干重大问题的决定》（以下简称《决定》）是在我国进入全面建成小康社会决定性阶段指导全党全国全面深化改革的纲领性文献，是对我国到 2020 年完善和发展中国特色社会主义制度，推进国家治理体系和治理能力现代化作出的重要部署。这次《决定》标志着中国重启改革议程，吹响了改革攻坚的新号角。《决定》作出后已对我国改革发展实践产生了巨大的作用和影响。大家越来越深切地认识到，《决定》对中国的社会主义现代化建设具有深远的历史意义和重要的现实意义。

第一节　《决定》同 1984、1993、2003 年三中
全会决定比较所具有的重要特点

　　我国 1978 年底实行改革开放后，我们党每逢双届的三中

全会都是以改革为主题作出决定。1984 年党的十二届三中全会作出了《关于经济体制改革的决定》，1993 年党的十四届三中全会作出了《关于建立社会主义市场经济体制若干问题的决定》，2003 年党的十六届三中全会作出了《关于完善社会主义市场经济体制若干问题的决定》，这次《决定》同上述三次决定相比较，有哪些重要特点呢？

第一，范围不同。这次《决定》是全面的"五位一体"的改革的决定，而以往三次都是关于经济体制改革的决定。以往三次分别是建立社会主义商品经济新体制、建立和完善社会主义市场经济体制的决定，而这次《决定》的总目标则是完善和发展中国特色社会主义制度，推进国家治理体系和治理能力现代化，即范围扩大到整个中国特色社会主义制度。这反映了中国经过 30 多年的改革开放后，需要从主要推进经济改革扩展到全面深化经济、政治、文化、社会和生态文明体制的改革，只有这样，我们才能在 2020 年全面建成小康社会时，形成系统完备、科学规范、运行有效的制度体系，使各方面制度更加成熟、更加定型。"五位一体"或"六位一体"改革（即加上党的建设制度改革）是相互联系、相互促进的。我们看到，党的十八大以来，由于严格实行八项规定、反对"四风"、加大反腐败斗争力度等政治体制和党的建设制度改革，有力地推动了经济等各个领域的改革，逐步使全面深化改革成为一股势不可当的滚滚洪流。

第二，紧贴现实紧迫经济问题，亮点纷呈。虽然 2003 年中央已作出了关于完善社会主义市场经济体制的决定，但是由于此后落实情况不是很好，加上几年的大干快上以及为应对 2008 年国际金融危机反应有点过度，实行四万亿元投资刺激计划，使国民经济原本已存在的不平衡、不协调、不可持续的问题更加突出，转变经济发展方式、实现经济转型，显得更加刻不容缓，而这又主要靠深化改革才能从根本上解决上述长期积累的难题。《决定》针对当前经济生活中突出矛盾和问题，明确提出，我国改革已进入攻坚期和深水区，必须以强烈的历史使命感，最大限度调动一切积极因素，敢于啃硬骨头，敢于涉险滩，以更大决心冲破思想观念的束缚、突破利益固化的樊篱，推动中国特色社会主义制度自我完善和发展。为此，《决定》提出许多大胆而又必要的市场化改革主张和举措，在经济领域就有：使市场在资源配置中起决定性作用；积极发展混合所有制经济；国有资产监管机构主要以管资本为主；明确公有制经济和非公有制经济都是社会主义市场经济的重要组成部分、都是我国经济社会发展的重要基础；探索实行负面清单的管理模式；允许具备条件的民间资本依法发起设立中小型银行等金融机构；加快转变政府职能；改进预算管理制度；加快房地产税立法并适时推进改革；赋予农民更多财产权利；加快建设自由贸易区；进一步放开现代服务业和一般制造业；等等，可谓亮点纷呈。

　　第三，改革举措具体明确，更加注重各个领域改革举措的落实。这次《决定》从起草文件一开始就要求按照改革总目标要求，滚动统计提出了多少项改革举措以及这些改革举措的落实单位和时间表，最后形成 16 个方面 60 项改革和 300 多项改革举措，并且强调抓紧落实。《决定》从 2013 年 4 月起草开始，党中央和习近平总书记一直大力宣传十八大精神，广泛凝聚改革共识。《决定》起草过程就在抓改革举措的落实，比如，国务院从 2013 年 4 月起分四次取消和下放约 400 个审批事项，建立中国（上海）自由贸易区，试行负面清单管理模式，推进利率市场化，大力推进反腐败斗争，等等。《决定》通过后，改革更是全面提速，改革措施密集出台。有人粗略统计，从《决定》通过到 2014 年 3 月初两会召开，仅仅 3 个多月时间，60 项改革在启动中实施的已过半数。这种情况，同十八大前 10 年改革处于半停滞状态形成鲜明的对照。

　　第四，中央成立全面深化改革领导小组，成为强有力推进改革的最高层次的组织保障。《决定》提出："中央成立全面深化改革领导小组，负责改革总体设计、统筹协调、整体推进、督促落实。"这是《决定》的最大亮点，是落实《决定》最根本的保证。回想 2005 年和 2006 年，曾经有专家向党中央和国务院建议，为避免改革方案受到既得利益群体的左右，克服既得利益群体对改革的阻挠和反抗，需要恢复改革初期建立的体改委或体改办，或在国务院成立改革的领导和协调机构。这些建议当时未被采纳。而现在成立的全面深化改革领导小组，大大超出了当年专家的建议和期望，是层次更高、更加权威的机构。不仅如此，我们欣喜地看到，在《决定》作出后不到两个月，2014 年 1 月 22 日，就成立了中央全面深化改革小组并举行了第一次会议，习近平总书记亲自担任组长，会议审议和通过了领导小组和六个专项小组以及中央改革办的工作规则和工作细则等，进一步吹响了改革的号角。接着，2014 年 2 月 28 日，习近平总书记又主持召开了中央全面深化改革领导小组第二次会议，审议通过了《中央全面深化改革领导小组 2014 年工作要点》《关于十八届三中全会〈决定〉提出的立法工作方面要求和任务的研究意见》《关于经济体制和生态文明体制改革专项小组重大改革的汇报》等。看来，人们期待的改革大幕已经拉开了。

第二节　2013 年重启改革议程

回顾中国改革开放 35 年的历史，我们看到，前 25 年各方面改革蓬勃开展，而 2003～2012 年改革步伐有所放慢，积累的问题不少。党的十八大以后，2013 年起，我们再次踏上了改革征程。党的十八届三中全会的《决定》重新吹响了改革攻坚的号角，一些媒体称 2014 年为改革"元年"。

1978 年实行改革开放后，直到 2002 年，有几次影响重大的改革令人印象深刻。

（1）20 世纪 70 年代末 80 年代初农村实行家庭联产承包制改革。由于实行"交足国家的，留够集体的，剩下都是自己的"，农民开始有了生产经营自主权。此举大大调动了农民的积极性，解放了农业生产力，加上 1979 年大幅度提高农产品收购价格（平均提高 25% 以上），刺激农产品迅速增长、农民收入迅速增加，使改革收到立竿见影的成效。按可比价格计算，农林牧渔业总产值，1985 年比 1978 年增长 61.6%，年均增速达 7.1%，大大高于一般年均 2%～3% 的增速。

（2）20 世纪 80 年代放开农副产品、工业消费品和生产资料价格。其结果是，放到哪里活到哪里，只要放开哪种商品的价格，哪种商品就会像泉水般涌流出来，使广大干部和群众都看见了市场的"魔力"。市场机制的流程一般是：放开价格—价格上涨—刺激增产—增加供给—价格稳定甚至下跌—供给稳定或减少—价格上涨，如此循环往复，促进市场繁荣发展。价格改革使困扰中国人民几十年的商品供应短缺、凭票排队购买、生活十分不便的局面很快得到根本性改变。到 20 世纪末，中国已实现从卖方市场到买方市场的历史性转变，市场林立，商品丰富，琳琅满目。

（3）自 20 世纪 80 年代起，打破公有制一统天下的局面，个体私营经济开始迅速发展起来，相关数据见表 1-1 和表 1-2。

表 1 - 1 1978~2012 年全国个体经济发展状况

年　份	户数(万户)	人数(万人)	注册资金(亿元)
1978	15	15	—
1988	1455	2300	—
1992	1534	2468	601
2002	2377	4743	3782
2012	4059	8000	19800

表 1 - 2 1978~2012 年全国私营经济发展状况

年　份	户数(万户)	人数(万人)	注册资金(亿元)
1978	0	—	—
1988	4	70	—
1992	14	232	221
2002	243	3409	24756
2012	1086	12000	310000

资料来源：《〈中共中央关于完善社会主义市场经济体制若干问题的决定〉辅导读本》，人民出版社，2003；《〈中共中央关于全面深化改革若干重大问题的决定〉辅导读本》，人民出版社，2013。

从表 1 - 1 和表 1 - 2 可以看出，我国个体私营等非公有制经济在改革开放后特别是 1992 年以后发展迅速，这一在原有体制外的增量改革对社会主义市场经济体制的形成和完善起着重要的作用。现在，个体私营等非公经济对 GDP 的贡献已超过 60%，对国家税收的贡献已超过 70%，对就业岗位的贡献已超过 80%，对促进经济增长、活跃经济生活、满足人民群众多方面的需要起着不可替代的作用。

（4）1992 年确立社会主义市场经济体制改革目标后，市场化改革在经济各领域大步推进。一是明确公有制为主体、多种所有制经济共同发展是我国社会主义初级阶段的基本经济制度，个体私营等非公有制经济是社会主义市场经济重要组成部分。1993、1994、1995年，私营经济户数增幅均高达50%以上，1996~2002年年增幅也达15%以上。二是明确国有企业改革的方向是建立现代企业制度，不再沿用落后的承包制，国有大中型企业公司制股份制改革迅速展开。三是用市场经济国家通行的分税制代替原来的地方财政包干制，使中央财政收入占整个财政收入的比重稳定地提高到50%以上，从而增强了中央政府宏观经济调控的能力。四是市场逐步在资源配置中发挥基础性作用。到2000年底，我国绝大多数产品和服务价格已放开由市场调节，生产要素价格已走上市场化改革进程，统一开放、竞争有序的市场体系已初步建立，我国经济市场化程度一般估计已达70%以上，说明社会主义市场经济体制已初步建立起来。五是政府对宏观经济的管理已从直接管理转变为以间接管理为主。通过宏观经济管理体制改革，我国政府已做到主要运用经济手段，根据经济形势变化实施相应的财政政策和货币政策，辅之以必要的行政手段，促进宏观经济的稳定和健康运行。

（5）从1998年起，国有企业3年脱困，一批国有大中型企业走上公司制股份制道路，建立现代企业制度。随着市场化改革的推进，大量国有企业由于机制缺陷，不能适应市场而陷入困境。1997年党和政府提出帮助国有企业脱困的任务，其目标是：从 1998 年起，用 3 年左右时间，使大多数国有大中型亏损企业摆脱困境，力争到 20 世纪末，大多数国有大中型骨干企业建立现代企业制度。到 2000 年底，这一目标已基本实现。1997 年底，国有及国有控股大中型企业为 16874 户，其中亏损的为 6599 户，占 39.1%；到 2000 年，亏损户减为 1800 户，减少近 3/4。3 年国有大中型工业企业脱困，用去银行呆坏账准备金超过 1500 亿元，技改贴息 200 亿元，债转股金额 4050 亿元。在帮助国有大中型企业脱困的同时，进行现代企业制度试点，逐步推行公司制股份制改革，努力使国有或国有控股企业成为适应社会主义市场经济发展的市场主体和法人实体。改革使国有企业逐步适应市场经济的发展。1997 年，国有企业利润总额为 800 亿元，而到 2003 年国资委成立时，已达 4852 亿元。与此同时，国有经济布局调整也取得进展。1998 年，国有工商企业有 23.8 万户，而到 2003 年，已减少到 14.6 万户。

（6）2001 年 11 月中国加入 WTO，这是顺应经济全球化潮流的重大举措，具有里程碑式意义。加入 WTO，表明中国对外开放进入新的阶段。作出这一决策，是中国第三代领导集体最耀眼的历史功绩。在"入世"谈判过程中，许多人忧心忡忡，认为"入世"会影响国家经济安全，包括金融业、商业、农业、信息业等许多产业会受到很大冲击，弊大于利，至少短期弊大于利。但中国"入世"后的实践证明，"入世"对中国利大于弊，原来的许多担心都没有出现。中国是经济全球化的受益者，"入世"提高了中国的收益率。"入世"以后，中国的经济总量、对外贸易、利用外资、外汇储备等的增速在一段时间内都有不同程度的加快。而且，开放促进了改革，"入世"使中国一大批同市场经济一般规则相抵触的法律法规和政策得以废止和修改。许多产业着力提高自主创新能力，提高市场竞争力。从此，同国际接轨已不再是贬义词，对外开放逐渐深入人心。

2003 年以后，中国经济改革同前 25 年相比有所放慢，这种状况延续到 2012 年。在 2010 年中国社会科学院举办的一次经济论坛上，有的学者如新加坡东亚研究所所长郑永年教授认为这几年中国"无改革"。我当时是他的发言的评论人。我说，一方面上述论断并不是很全面准确的，因为 2003 年以来中国还是在继续推进改革，且取得一定成效，如 2005 年以来上市公司股权分置改革、四大国有商业银行整体上市、取消农业税、集体林权制度改革、2005 年起人民币汇率形成机制改革、成品油价格形成机制改革、增值税转型、企业和个人所得税改革、资源税费改革、房地产税改革试点、文化体制改革、医疗卫生体制改革、以全覆盖为目标的社会保障体系建设等；另一方面，也要承认，这几年的确没有特别重要和关键环节以带动全局的改革。

那么，为什么 2003 年以来近十年会出现改革进展缓慢的现象呢，我认为原因有四个。

第一，上上下下专注于发展而顾不上改革。这段时间可以说从中央到地方各级，领导和干部的精力都是放在发展而不是改革上。由于经济增速很高，2007 年高达 14.2%，各级政府部门几乎都用全力解决经济高速增长中出现的各种矛盾和问题，如煤电油运的紧张问题，使改革难以提上议事日程。所以有一些学者比喻当时的政府是"发展主义政府"或"增长主义政府"。地方政府更是全力以赴抓短期 GDP 增速最大化，以显示自己的政绩，政府官员并因此可以获得升迁。有的地级市市委书记只抓项目，别的不管，人称"项目书记"。抓投资抓项目成为地方政府各部门的主要工作。在方针原则上，人们常说发展中出现的问题要靠进一步的发展来解决，这个说法值得进一步研究。我们要做大"蛋糕"，但做大"蛋糕"后分"蛋糕"中出现的分配不公、差距过大等问题，光靠进一步做大"蛋糕"是很难解决的。从经济学原理角度说，生产、流通、分配、消费都是相对独立的环节和过程。分配环节和过程中出现的问题光靠发展生产是难以解决的。在实践上，有的专家认为中国现在就是要靠发展，通过加快发展增加经济总量和财政收入，以改善民生，保社会稳定，而改革要冒较大风险，不能期望有多少举动，以免危及社会稳定。这有一定道理。但这不是长久之计，这样下去会不断积累矛盾，或使已有矛盾往后推，甚至积重难返。还是要靠改革来逐步理顺体制和各方面的关系，实现长治久安，让老百姓过上稳定的好日子。这才是根本之策。

第二，既得利益群体的阻挠和反对。垄断行业改革很难推进，新的厂商很难进入垄断行业中非自然垄断环节，竞争机制很难引入，国务院两个"36 条"很难落实，重要原因就在于受到垄断行业既得利益群体的阻挠和反对。政府改革的难度也很大。强势政府主导资源配置对政府官员有莫大好处，这个权力极难割舍，这也是审批制改革进展缓慢的原因。政府直接支配资源过多、介入经济过深，必然会阻碍市场对资源配置发挥基础性作用或决定性作用。政府改革已经成为深化各项改革的关键环节或突破口，但这一改革因为会使相当一部分官员利益受损而阻力重重，难有进展。

第三，学界有人怀疑市场化改革产生争议影响改革的顺利推进。如有的经济学家认为对国有经济中垄断行业和垄断企业需要进行改革是个"伪命题"；有人主张就是要实行"国进民退"；有人认为当前主张民富优先是奇谈怪论，是挑拨人民群众同政府的关系；有人把当前居民收入差距过大归咎于民营经济发展过快，动摇了公有制的主体地位；等等。上述观点的提出，引起学界的争论，同时在一定程度上影响改革的顺利推进。

第四，缺少改革专门机构的统筹协调与强力推进。2003年国务院机构改革把原国家体改办同国家计委合并组建国家发改委，这样就不再有专司改革的机构了。当时主张把体改办与国家计委合并的一个重要根据是，那几年由国家计委提出的民航、电信等垄断行业分拆改组的改革方案，由于能把改革和发展较好地结合起来，在发展中推进改革，比较现实可行，因而在实践中被采纳且初见成效。与此不同，那时体改办等提出的方案却未被采纳。这在当时是有说服力的，也把当时参加机构改革方案起草的成员说服了。还有，当时人们（包括机构改革起草组成员）没有很好地注意到，原国家计委有大量的审批权，是审批体制改革的重要对象，将体改办与它合并是不合适的，新组建的国家发改委怎能有效推进改革特别是审批体制改革呢？从 2003 年以后八九年的实践看，那次机构改革后并没有更好地推进改革包括垄断行业改革和审批体制改革，反而使改革进展缓慢，重要原因就在于国家发改委那几年几乎是全力以赴地处理经济高速增长中碰到的各种紧迫问题，无暇顾及改革，也不会有改革包括审批体制改革的积极性，这样自然不会用多少精力来推进重要领域和关键环节的改革。这样，原来以为把体改办并入国家发改委有利于更好地推进包括垄断行业改革的预期落空了。2011 年，原国家体改办主任陈锦华在《国家体改委志在改革》一文中也说："国家体改委机构撤销，人员没有留住，有些重要改革也没有继续深化下去。体改委消亡有点儿过早了，中国还不到这一步。"（《百年潮》2011 年第 5 期）

转方式、促转型，迫切要求重启改革议程。2012 年党的十八大在提出全面建成小康社会任务的同时，要求全面深化改革开放，指出，"全面建成小康社会，必须以更大的政治勇气和智慧，不失时机深化重要领域改革，坚决破除一切妨碍科学发展的思想观念和体制机制弊端，构建系统完备、科学规范、运行有效的制度体系，使各方面制度更加成熟更加定型。" 2013 年党的十八届三中全会，进一步作出了关于全面深化改革若干重大问题的决定，共 16 部分、60 项改革、336 个重大改革举措，并明确要求："到二〇二〇年，在重要领域和关键环节改革上取得决定性成果，完成本决定提出的改革任务"。这表明我国改革已重新出发和进入新阶段，即进入啃硬骨头的攻坚阶段。

第三节　经济体制改革是全面深化改革的重点，发挥经济体制改革的牵引作用

全面深化改革要以经济体制改革为重点。为什么全面深化改革要以经济体制改革为重点？根据《决定》精神，我认为，最重要的，是我国今后相当长一段时间内，仍应坚持以经济建设为中心，大力打牢中国特色社会主义的物质基础。今后无论是全面建成惠及全国 14 亿人口的小康社会、避开"中等收入陷阱"进入高收入国家行列，还是到新中国成立 100 周年时实现中华民族的伟大复兴、基本上实现现代化成为发达国家，都

要求我们奋力推进社会主义现代化建设。因此，需要着力完善社会主义市场经济体制、不断破除各种各样体制障碍，进一步解放和发展社会生产力，激发各种社会活力和企业活力，使改革开放以来经济快速发展的势头能够更好地持续下去。与此同时，我们也要清醒地看到，改革开放后我国经济虽然经过35年的高速增长，但至今仍然是发展中国家，仍然处于而且将长期处于社会主义初级阶段，人均GDP仍然远低于世界平均水平（世界银行统计，2011年，全世界人均GDP为10040美元，中国为5445美元，只相当于美国的1/9）。按照年人均纯收入2300元（2010年不变价）的农村扶贫标准计算，2013年我国农村贫困人口仍有8249万人。我国工业化城市化的任务还很重。我们要到2020年全面建成小康社会，其首要目标，就是实现国内生产总值和城乡居民人均收入比2010年翻一番等。这就要求我们继续以经济建设为中心，实现经济的持续健康发展，对此不应有任何动摇。经济是基础，物质财富的增加是社会进步的基础。全面建成小康社会，首先要使经济再上一个台阶，物质财富有大幅度的增长，在此基础上，实现社会全面进步和转型。

进入21世纪后，中国经济在快速发展过程中逐渐显露不平衡、不协调、不可持续的问题，长期粗放扩张带来的资源和环境瓶颈制约越来越突出，经济发展方式面临从追求数量、扩张规模到追求质量、讲求效率的转变，要求加快转变经济增长和发展方式，核心是实现经济增长由主要依靠物质资源消耗向主要依靠科技进步、劳动者素质提高、管理创新转变。多年来的实践告诉我们，经济转型和发展方式转变是一项困难重重的过程，靠理论宣传、完善政策法律法规等效果不大，关键在于深化改革，形成激励经济转型和发展方式转变的体制机制。这包括：坚持和完善基本经济制度，形成全国统一开放竞争有序的市场体系，主要由市场机制配置资源，资源和生产要素价格要真实反映市场供求关系、资源稀缺程度、环境和生态损害成本，加快转变政府职能，深化财政金融体制改革，各个市场主体竞相通过创新驱动增强活力竞争力，发展成果由人民公平共享等。一句话，必须积极稳妥地从广度上和深度上继续深化市场化改革，力争到 2020 年建成完善的社会主义市场经济体制。

以经济体制改革为重点，还体现在经济体制改革对其他改革的牵引作用上。经济体制改革的深化，社会主义市场经济的发展，要求上层建筑与之相适应。市场化改革的推进，要求市场经济的法治化，从而带动民主法治等政治体制改革。社会主义市场经济的快速发展，带动了社会主义文化的大繁荣大发展，文化体制改革发展方兴未艾。经济体制改革的深化，直接带动劳动就业、收入分配、社会保障、医疗健康等领域改革的深化，并要求进一步推进科技、教育改革与之相适应，要求建立健全生态文明体制。另一方面，政治等方面的改革也在促进经济体制改革。比如，行政管理体制改革、政府职能的转换，对深化经济体制改革起着至关重要的作用。经济体制改革的核心是处理好政府和市场的关系。要进一步推进市场化改革，就要紧紧抓住政府改革这个关节点，改变政府直接配置资源过多、对微观经济活动干预太多、审批太多，而政府在提供公共服务加强市场监管社会管理和保护环境方面又做得很不到位等状况。政府改革和职能转换，既是经济体制改革的重要内容，又是行政管理体制改革的着力点。经济活动的法治化，改进和完善社会管理，更是社会主义市场经济健康运行的重要条件。特别需要提出的是，党的十八大以来，由于严格执行中央八项规定、坚持反对官僚主义形式主义享乐主义奢靡之风、加大反腐败斗争力度，社会风气大有好转，提高了中央权威，为深化改革创造了良好的环境和条件。所以，经济体制改革和政治、文化、社会、生态文明体制改革是相辅相成、相互促进的。以经济体制改革为重点，并不是不重视其他改革，而是为了更好地全面深化改革。

第四节　经济体制改革部分十三大亮点

《决定》中经济体制改革部分有许多亮点，我认为，至少有以下几点，值得我们认真学习和体会。

第一，用市场在资源配置中起决定性作用的提法，代替已沿用21年的市场在资源配置中起基础性作用的提法。"决定性"和"基础性"只有两字之差，但含义却有相当大的区别。决定性作用能够更加确切和鲜明地表达市场机制对资源配置的支配作用，更好地反映市场经济的基本规律即价值规律的内在要求。特别是针对政府在一个时期以来越位现象严重，包括地方政府公司化倾向严重，妨碍市场对资源配置决定性作用的发挥，从而妨碍市场主体活力的增强和整体经济效率的提高，因此需要像《决定》指出的那样申明："市场决定资源配置是市场经济的一般规律，健全社会主义市场经济体制必须遵循这条规律。"中国有很多经济学家反复讲过，迄今为止的中外实践表明，市场配置资源是最为有效率的，市场经济就是由市场配置资源的经济，但是指出市场对资源配置起决定性作用却是这次《决定》第一次提出来的，说明《决定》在这个问题上走在理论界前面。

第二，明确混合所有制是基本经济制度的重要实现形式，要积极发展混合所有制经济。经过 35 年的改革开放，在国有经济和资本、集体经济和资本发展壮大的同时，个体私营经济和民间资本也迅速发展起来。2012 年，私营经济注册资金超过 31 万亿元，相当于当年国内生产总值的 60%，居民储蓄存款超过 40 万亿元。在这种情况下，积极发展混合所有制经济，能更充分地动员各种资本，打破所有制界限，发挥各自优势，共同为发展社会主义市场经济出力；能够让民间资本更好地参与国有企业公司制股份制改革，健全公司法人治理结构，提高市场竞争力；允许混合所有制经济实行企业员工持股，形成资本所有者和劳动者利益共同体。统计资料表明，混合所有制企业的经济效益高于国有企业，因此，国有企业要尽可能引进非国有的战略投资者。发展混合所有制经济，也有利于民间资本与国有资本同等使用生产要素和同等受益。混合所有制是股份制升级版。股份制企业不一定是混合所有制企业，但混合所有制企业一定是股份制企业。积极发展混合所有制经济，是今后我国完善基本经济制度的重要着力点。

第三，国有资产监管机构以管资本为主，只当"老板"，不当"婆婆"。这是国有资产监管机构职能的重大转变。过去国资委主要是管国有企业，既当"老板"又当"婆婆"，今后要求以管资本为主，也就意味着国资委主要管国有资本的配置，所以《决定》要求组建国有资本运营公司和投资公司，主要运作国有资本，如像新加坡的淡马锡公司和我国的汇金公司那样。《决定》还明确指出，国有资本投资运营要服务于国家战略目标，其重点是提供公共服务、发展重要前瞻性战略性产业、保护生态环境、支持科技进步、保障国家安全。国资委今后以管资本为主，将更好地促进混合所有制经济的发展。还有，《决定》要求，完善国有资本经营预算制度，提高国有资本收益上缴公共财政比例，2020 年提高到 30%，更多用于保障和改善民生。这是受到广大人民群众欢迎的举措。

第四，对个体私营等非公有制经济在社会主义市场经济中的地位和作用更加肯定。《决定》第一次明确指出，公有制经济和非公有制经济都是社会主义市场经济的重要组成部分，都是我国经济社会的重要基础。还说，公有经济财产权不可侵犯，非公有制经济财产权同样不可侵犯。坚持权利平等、机会平等、规则平等，废除对非公有制经济各种形式的不合理规定，消除各种隐性壁垒，制定非公有制企业进入特许经营领域具体办法。鼓励非公有制企业参与国有企业改革，鼓励发展非公有资本控股的混合所有制企业。与此同时，推进工商注册制度便利化，削减资质认定项目，由先证后照改为先照后证，把注册资本实缴登记制逐步改为认缴登记制。这些都大大激发了市场活力和非公经济活力，2013年新注册企业增长27.6%，其中私营企业新增30%，是十多年来增长最多的一年。

第五，强调建设统一开放、竞争有序的市场体系，是使市场在资源配置中起决定性作用的基础。建立和健全现代市场体系，是推动资源配置依据市场规则、市场价格、市场竞争实现效益最大化和效率最优化的根本前提。为此，要建立公平开放透明的市场规则，要推进水、石油、天然气、电力、交通、电信等领域价格改革，完善主要由市场决定价格的机制，实行统一的市场监管，清理和废除妨碍全国统一市场和公平竞争的各种规定和做法，严禁和惩处各类违法实行优惠政策行为，反对地方保护，反对垄断和不正当竞争，以及建立健全社会征信体系等。

第六，探索和实行负面清单的管理模式。《决定》首次提

出，实行统一的市场准入制度，在制定负面清单基础上，各类
市场主体可依法平等进入清单之外领域。探索对外商投资实行
准入前国民待遇加负面清单的管理模式。实行负面清单管理办
法，也就是"非禁即入"，是投资准入和市场监管的重大改
革。这意味着将实现由"严进宽管"的审批制度向"宽进严
管"的备案制度的转变，市场监管由事前监管为主向事中和
事后监管为主。这是我国向加快现代市场体系建设迈出的实质
性步伐。实行负面清单制度，是市场经济国家的通行做法，可
以提高市场监管的透明度和法治化水平，较好解决对非公有制
经济的歧视性问题，对营造公平竞争市场环境至关紧要。中国
（上海）自由贸易区已于 2013 年 9 月 29 日正式挂牌。当天，
以 190 条管理措施构成的 2013 年版负面清单对外公布。这是
中国首个负面清单。说明负面清单管理模式正在进行试验，取
得经验后可逐步在全国推广。

　　第七，编制全国和地方资产负债表。这是摸清整个国家家
底的重大工程，也是国家制定宏观调控政策和其他经济政策的
重要依据。2012 年以来，有的经济学家已开始试编国家资产
负债表，有的研究报告指出 2011 年我国主权资产净值为正数，
窄口径计算为 21.6 万亿元（李扬等著《中国国家资产负债表
2013》，中国社会科学出版社，2013）。但这只是初步的探索，
理论和方法都有待进一步完善。目前，许多国家都在编制国家
资产负债表，大部分 OECD 成员国公布了不含有实物资产的

金融资产负债表。我们要推进国家治理体系和治理能力现代化，编制国家资产负债表是必不可少的。我国是一个大国，有31个省级单位，有的省如广东省的经济总数量比一些中等发达国家还大，所以不仅要编制国家资产负债表，还要编制地方资产负债表。特别是这几年一些地方政府债务迅速增加，地方融资平台无序扩张，更需要各地编制资产负债表，以便更好地规范和约束地方债，避免重大风险的出现和蔓延。

第八，允许民间资本发起设立中小型银行等金融机构。《决定》首次提出，在加强监管前提下，允许具备条件的民间资本依法发起设立中小型银行等金融机构。过去，尽管民间资本在股份制银行、城市商业银行、农村中小金融机构股本中占有很高比例，但是不允许民间资本作为中小型银行的发起者，一些民营企业家对此也有意见。这次开禁后，有关部门行动相当快，银监会已于2014年3月确定首批5家民营银行试点，实行共同发起人制度，即每家要求不少于两个发起人。首批5家试点银行的发起人和民营资本分别来自：浙江杭州的阿里巴巴、万向集团；浙江温州的正泰集团、华峰集团；广东深圳的腾讯、百业源投资有限公司；上海的均瑶集团、复星集团；天津的商汇集团、华北集团。（《人民日报》2014年3月11日）

第九，加快房地产税立法并适时推进改革。2003年党的十六届三中全会决定已提出开征房地产税，但是一直没有付诸实施，只是两年前在上海和重庆市进行试点。这次《决定》

明确要加快房地产税立法并适时推进改革，意味着要真抓实干了。一般市场经济国家都实行房地产税，这也是地方税的主要税种，并且对抑制房地产的投机和投资需求有重要作用，大量实践经验证明这是促进房地产市场健康运行的良策。我们要加快房地产税立法，并适时开征，逐步使房地产税成为地方税的一个主要税种。

第十，赋予农民更多财产权利。《决定》提出，保障农民集体经济组织成员权利，积极发展农民股份合作，赋予农民对集体资产股份占有、收益、有偿退出及抵押、担保、继承权。保障农户宅基地用益物权，改革完善农村宅基地制度，选择若干试点，慎重稳妥推进农民住房财产权抵押、担保、转让，探索农民增加财产性收入渠道。目前农民财产权收入少得可怜，近两年农民财产性纯收入只占到他们人均纯收入的2%~3%。其原因，是因为农民最大的财产权——土地权屡遭侵犯，没有保障。一些经济学家估计，多少年来，地方政府低价强征农民土地获得的收入达数万亿元。要赋予农民更多财产权利，最主要的是要尊重和保障农民的土地权益，改变地方政府对土地财政的依赖惯性，切实落实农民财产权利，这对逐步缩小城乡收入差距也能起重要作用。

第十一，允许地方政府通过发债等多种方式扩宽城市建设融资渠道，允许社会资本通过特许经营等方式参与城市基础设施投资和运营，研究建立城市基础设施、住宅政策性金融机构。这对建立透明规范的城市建设投融资机制非常重要。我国地方政府债务这几年无序扩张，根据国家审计署 2013 年 12 月 30 日公布的关于地方政府债务审计结果，地方政府债务规模已从 2011 年底的 10.7 万亿元，增加到 2013 年 6 月底的 17.9 万亿元，相当于 GDP 的 33%，各方面都认为风险很大，亟须规范和约束。《决定》提出的措施，正是规范和约束地方债务的重大举措。

第十二，加快自由贸易区建设。这标志着中国对外开放又进入一个新的起点。《决定》指出，建立中国（上海）自由贸易试验区是党中央在新形势下推进改革开放的重大举措，要切实建设好、管理好，为全面深化改革和扩大开放探索新途径、积累新经验。在推进现有试点基础上，选择若干具备条件地方发展自由贸易园（港）区。现在，上海自贸区已试行负面清单制度，金融领域和其他现代服务业开放力度也不小，正在积累各种实践经验。

第十三，中央成立全面深化改革领导小组，负责改革总体设计、统筹协调、整体推进、督促落实。这是使《决定》各项改革落到实处的最重要组织保证。前面对此已有论述，这里就从略了。

我们相信，在党中央的坚强领导下，《决定》对中国全面深化改革的新部署，必将有条不紊地得到认真落实，从而开启中国改革开放的新征程，在不断完善中国特色社会主义制度的基础上，推动中国经济社会的快速列车继续向前飞驰！

第二章
党的十八大提出全面
深化改革的任务

2012 年党的十八大是党中央换届的代表大会。十八大在我们党的历史上具有特别重要的意义。这次代表大会重申高举中国特色社会主义伟大旗帜，继续坚持走中国特色社会主义道路，提出了全面建成小康社会和全面深化改革开放的目标，并要求加快完善社会主义市场经济体制和加快转变经济发展方式，明确深化改革是加快转变经济发展方式的关键。全面深化改革、加快完善新体制、改革是关键，所有这些，都表明，十八大后将紧锣密鼓地启动新一轮改革，进入全面深化改革新阶段。

第一节　首次提出全面深化改革的任务

十八大在提出全面建成小康社会的同时，首次提出全面深化改革的任务。为什么要提出全面深化改革的任务呢？我认为，最重要的，是十八大提出了经济建设、政治建设、文化建设、社会建设、生态文明建设"五位一体"总体布局，相应的，改革也应是"五位一体"的全面的改革，即包括经济体制、政治体制、文化体制、社会体制、生态文明体制的改革。这是我们党对社会主义建设规律认识的重大进展。过去，比如2002年党的十六大报告在论述社会主义建设时，就包括经济建设、政治建设和文化建设，一些社会建设任务如发展教育、收入分配和社会保障等放在经济建设部分进行论述。2007年，党的十七大报告第一次把加快推进以改善民生为重点的社会建设独立为一个大部分，同经济、政治、文化建设并列。而党的十八大又进一步把大力推进生态文明建设独立设一部分，形成"五位一体"总体布局。现在人们看得越来越清楚，就业、教育、收入分配、社会保障、医疗卫生健康等民生问题，生态和环境保护、治理污染、资源节约等生态文明建设，与经济建设、政治建设、文化建设是同等级、同层次的问题，因此，"五位一体"的格局起码现在看来是最切合实际的、科学合理的。这样，与之相适应，改革也应是包括经济体制、政治体制、文化体制、社会体制、生态文明体制的"五位一体"的改革，即全面的改革。所以全面深化改革有其极为丰富的含义，是与时俱进的、包容性很广的改革。

全面深化改革是我国到2020年全面建成小康社会的根本

保证。党的十八大根据我国经济社会发展实际，对全面建成小康社会提出了比十六大、十七大确立的目标更高的新要求。比如，在经济方面，提出经济持续健康发展。转变经济发展方式取得重大进展，在发展平衡性、协调性、可持续性明显增强的基础上，实现国内生产总值和城乡居民人均收入比 2010 年翻一番。科技进步对经济增长的贡献率大幅上升，进入创新型国家行列。这其中，城乡居民人均收入翻番是新提出的高要求。又如，要求人民生活水平全面提高。基本公共服务均等化总体实现。全民受教育程度和创新人才培养水平明显提高，进入人才强国和人力资源强国行列，教育现代化基本实现。就业更加充分。收入分配差距缩小，中等收入群体持续扩大，扶贫对象大幅减少。社会保障全民覆盖，人人享有基本医疗卫生服务，住房保障体系基本形成，社会和谐稳定。在这一段中，基本公共服务均等化、社会保障全民覆盖、住房保障体系基本形成等是这次新提出来的更高要求。再如，在生态文明建设方面，提出资源节约型、环境友好型社会建设取得重大进展。主体功能区布局基本形成，资源循环利用体系初步建立。单位国内生产总值能源消耗和二氧化碳排放大幅下降，主要污染物排放总量显著减少。森林覆盖率提高，生态系统稳定性增强，人居环境明显改善。这里首次提出主要污染物排放总数量显著减少的要求，这是我国一项郑重的承诺。

　　十八大对全面建成小康社会提出的新的更高的要求，都需要靠全面深化改革进一步释放社会活力、市场活力、企业活力、个人活力，即进一步解放和发展生产力，才能实现。比如，要实现城乡居民人均收入翻番目标，不仅经济要上一个新台阶，大幅度增加社会物质财富，而且要把做大的"蛋糕"分配好，这就有赖于深化政府改革、收入分配制度改革、财政体制改革、社会保障体系完善等。因此，要建成惠及 14 亿人口的小康社会，就必须全面深化改革。

第二节　问题导向，要加快转变经济发展方式，就要加快完善新体制

十八大报告指出，以科学发展为主题，以加快转变经济发展方式为主线，是关系我国发展全局的战略抉择。要适应国内外经济形势新变化，加快形成新的经济发展方式，把推动发展的立足点转到提高质量和效益上来，着力激发各类市场主体发展新活力，着力增强创新驱动发展新动力，着力构建现代产业发展新体系，着力培育开放型经济发展新优势，使经济发展更多依靠内需特别是消费需求拉动，更多依靠现代服务业和战略性新兴产业带动，更多依靠科技进步、劳动者素质提高、管理创新驱动，更多依靠节约资源和循环经济推动，更多依靠城乡区域发展协调互动，不断增强长期发展后劲。而深化改革是加快转变经济发展方式的关键。

为什么说深化改革是加快转变经济发展方式的关键呢？

早在 1995 年，在制定"九五"计划时，就提出了要实现经济增长方式根本性转变的任务。2007 年，党的十七大进一步提出转变经济发展方式的任务，并且从一个转变扩展为三个转变，即促进经济增长由主要依靠投资、出口拉动向依靠消费、投资、出口协调拉动转变，由主要依靠第二产业带动向依靠第一、第二、第三产业协同带动转变，由主要依靠增加物质资源消耗向主要依靠科技进步、劳动者素质提高、管理创新转变。但是，知易行难。尽管大家都认识到中国经济发展到今天，转变经济增长和发展方式，实现经济转型，已刻不容缓。因为多年的粗放扩张，经济不平衡、不协调、不可持续的问题越来越突出，资源和环境的瓶颈制约已到极限，老百姓意见也很大，因此转变经济发展方式已成为我国面临的最紧迫的不能再拖延下去的问题。但是，在实践中，转变经济发展方式却进展缓慢，粗放扩张惯性极难打破。究其原因，最根本的，在于体制机制障碍在作梗，具体表现在以下几个方面。

第一，各级政府为追求短期 GDP 增速最大化，都热衷于粗放式扩张，而如果主要靠科技进步，通过提高劳动生产率促进经济增长，则既费时又费力，因为任何一项较大的科技发明并应用于实际，都需要五六年甚至更长时间。而各级政府之所以都尽全力追求短期 GDP 增速最大化，是因为多年来干部考核都是以 GDP 论英雄，哪个地方 GDP 增速快，当地官员就能得到提拔。这样的干部考核体制自然使各级干部都比拼粗放扩张，而不顾由此带来的资源破坏、环境污染、生态受损等，也不会重视通过科技进步、劳动生产率提高等促进经济增长。

第二，现行分税的财政体制也在刺激地方政府粗放扩张和热衷于发展高耗能高污染和产能过剩产业。地方政府为了在经济增速竞争中取得好成绩、地方官员为了搞树碑立传的政绩工程形象工程、地方财政为了支付不断加重的刚性支出，都尽最大努力招商引资和争取大项目、大工程建设，并特别热衷于发展高耗能、高污染甚至产能过剩但产值高的重化工业，因为按照现行分税体制，地方政府可以从发展这些行业中分到25%的增值税，从而提高本地财政收入。而且为了加快发展工业特别是重化工业，各地竞相建设各种各样开发区、工业园区，为此不断用低价向农民强征耕地等农用地，形成大量失地又失业的人群，社会纠纷很多，上访人群骤增，严重影响社会稳定。进入21世纪后，各地经营城市之风越刮越大，土地财政进一步成为地方政府难以割舍的肥肉，严重影响社会经济的健康运行。

第三，一些生产要素和资源产品价格在政府干预下严重偏低，破坏环境损害生态不付代价，助长人们粗放扩张，滥用浪费。长期以来，我国能源价格一直严重偏低。煤炭低效粗放利用如发电不脱硫污染环境不要付出成本，电价长期偏低；天然气价格也偏低；水价低，利用水资源长期不付费，农用水基本不计价，不少农田大水漫灌，浪费严重；土地价格也偏低，农地转为建设用地补偿金极低，政府为招商引资也常常低价出让土地使用权，致使不少开发区工业园区大片土地荒废；一些矿山资源长期不收费或低收费，招致滥采和低效利用；等等。这些价格扭曲导致资源利用效率低，同时造成环境污染和生态破坏，后患无穷。而造成价格扭曲的重要原因，在于政府对价格的不当干预。

转变经济发展方式的途径很多，包括完善法律法规，完善各项政策，提倡创新驱动，实行科学管理，增加人力资本投入，等等，但是最根本的是深化改革，形成激励转变经济发展方式的体制机制。这也是现阶段完善社会主义市场经济体制的主要着力点。

第三节　十八大报告明确经济体制改革核心
问题是处理好政府和市场的关系

十八大报告第一次在党的文件中明确指出，经济体制改革的核心问题是处理好政府和市场的关系，必须更加尊重市场规律，更好发挥政府作用。2005 年，《中共中央关于制定国民经济和社会发展第十一个五年规划的建议》曾指出，加快行政管理体制改革，是全面深化改革和提高对外开放水平的关键。在这前后，有一些经济学家如高尚全、迟福林、宋晓梧等曾撰文认为深化经济体制改革的关键是处理政府和市场的关系。也有一些经济学家认为政府改革是深化经济体制改革的突破口。我个人在 2006 年发表的《必须充分认识政府改革的紧迫性》访谈稿（《理论动态》1718 期，2006 年 9 月 10 日出版）中，就提出中国改革进入了一个新的阶段，即从国有企业改革为中心的阶段发展为以行政管理体制改革为关键的阶段。出现上述变化的意义，主要在于适应中国 21 世纪阶段落实科学发展观和转变经济增长方式的需要。经济社会发展面临的突出问题使政府改革成为最紧迫的任务。此后，我在 2012 年 11 期《中国改革》又发表了访谈稿《未来十年政府改革是关键》，重申上述观点。十八大关于经济体制改革的核心问题是处理好政府和市场的关系的判断是切合实际的、准确的。多年的实践证明，要完善社会主义市场经济体制，要推动经济增长和发展方式转变，实现经济转型，关键在于加快行政管理体制改革，加快政府改革和职能转换，包括纠正地方政府公司化倾向。

　　推进政府改革，处理好政府和市场的关系，要点是贯彻十八大报告说的，"更大程度更广范围发挥市场在资源配置中的基础性作用，"十八届三中全会决定进一步提出使市场在资源配置中起决定性作用和更好发挥政府作用。也就是说，政府要解决"越位""错位""缺位"问题，减少对资源的直接配置，减少和规范审批，减少对微观经济活动的干预，加强中央政府宏观经济调控职责和能力，加强地方政府公共服务、市场监管、社会管理、环境保护等职责。总之，要从全能型政府向服务型政府转变。政府改革包括哪些内容，我在《财贸经济》2012年第12期组织的学习十八大报告笔谈中，讲了以下几个方面。

第一，政府应当从介入过深的经济领域逐步退出，不再充当资源配置主角。当前较大的问题是不少地方政府公司化，地方政府首脑充当当地经济活动的董事长和总经理。由于我国长期以GDP增速作为政府官员政绩大小的主要考核指标，而政府官员实行任期制（一般五年一任期），不少官员为了追逐自己的"千秋业绩"，都全力以赴使任期内GDP增速最大化，他们往往运用手中权力搞粗放扩张，拼资源、拼环境，因为粗放扩张最能短期见成效、出政绩。我国一些高耗能产业已经过剩，但是仍有一些资源比较丰富的地区继续发展这些产业，地方政府擅自降低能源价格如电价和税收优惠等，鼓励这些产业发展，形成不平等竞争格局，致使产能过剩问题难以解决，而作为约束性指标的节能减排指标则多年没有完成计划。难怪有的国务院领导曾说，中央政府的宏观调控，主要是调控地方政府的经济行为。所以，要加快转变经济发展方式，必须转变政府职能，政府不再以主力运动员身份参与市场竞争，不带头搞粗放扩张，不顾后果地追求短期经济最快增速。

第二，政府履行经济调节职能应主要搞好宏观调控或贯彻中央政府宏观调控举措，为社会经济活动提供良好、稳定的环境，基本上不干预微观经济活动，真正实行政企分开。凡是市场能做且有效率的事，就应放手让市场去做，包括取消各种各样的行政垄断让非公有制经济能够平等地进入市场和参与市场竞争，政府主要是制定标准和规则并认真进行监管，不必替企业进行决策，不必事事审批。审批过多过滥往往扼杀创新活动，降低微观经济活动效率。但是，减少审批会直接影响那些有审批权力的官员的利益，因而常常受到他们的强烈反对。至今仍然有一些竞争性项目还是要层层审批，历时数月甚至一两年才能立项，而且几乎每次审批都要请吃送礼，花费多多。这说明我国的商业环境仍需改善，政府的服务意识仍需大大增强。

第三，财政要加快向公共服务财政转型，逐步实现基本公共服务均等化。财政转型看起来属于财政体制改革，实际上是政府改革的重要内容。如果政府是经济建设型政府，那么财政必然是经济建设型财政，财政支出尽量用于搞经济建设。现在政府要向服务型转轨，财政自然要跟着向公共服务型转轨。我国财政用于公共服务的支出占财政总支出的比例一直严重偏低，离公共服务型财政的要求很远。比如，2011 年，我国医疗卫生支出和社会保障与就业服务支出占财政支出比重只有16%，比人均 GDP3000 ~ 6000 美元阶段国家平均31%的水平低了近一半。还要看到，我国严重偏低的公共服务支出，其结构也不合理，大体上用于城市的比用于农村的多得多，越是弱势群体得到的服务越少。这说明，我国向公共服务型财政转型的任务非常艰巨。而只有实现财政转型，财政支出大力向民生、向弱势群体倾斜，所占比重有大幅度提高，才有可能逐步实现基本公共服务均等化。在某种程度上可以说，财政转型是政府转型的最重要标志。

第四，政府减少对价格特别是生产要素和资源产品价格的干预。我国粗放型增长方式之所以很难转变，重要原因是由于我国生产要素如土地、资本和一些重要资源产品如能源价格受政府控制，长期偏低或严重偏低，从而鼓励对它们的滥用和浪费，效率很低。我国不少产品出口有竞争力，有一段时间，往往是因为尽管消耗大，但价格低廉，而且也不必为破坏环境付费。因此，要转变经济增长和发展方式，就必须改变这种情况，不能任意用行政手段人为地压低生产要素价格，要使资源产品价格能反映市场供求关系、资源稀缺程度和环境损害成本。2005年，在制订"十一五"规划时，世界银行曾向我国有关部门提供报告，指出根据他们的调研，能源的节约，一半以上的因素在于能源价格的提高。因此，要节约集约使用能源资源，提高利用效率，就要充分运用市场机制，通过价格杠杆即提高能源资源的价格至合理水平。这就需要政府放松或减少对生产要素和资源产品价格的管制，理顺它们的价格，用经济手段逼迫各经济主体节约集约使用能源资源，从而推动经济增长和发展方式转变，推动资源节约型、环境友好型社会建设。当前，我国物价基本稳定，CPI 上涨率比较低，正是推进生产要素和资源产品价格改革的好时机，希望能抓住这次好时机推进价格改革。

第五，深化收入分配制度改革。我国收入分配存在不合理现象，不断做大的"蛋糕"没有切好分配好，居民收入差距过大（基尼系数接近 0.5），已成为各界共识。由于居民消费支出在国内生产总值中比重在进入 21 世纪以后连年下降，从 2000 年的占 46.4% 降到 2011 年的 34.9%，致使消费需求不足，消费对经济增长的拉动作用减弱，经济增长过分倚重投资和出口，影响了经济增长的协调性和可持续性。劳动报酬占 GDP 的比重太低且不断下降，1997 年劳动报酬占 GDP 的比重为 53.4%，这几年已降到 40% 以下。这种情况不利于劳动者素质与技能的提高，从而不利于转变经济发展方式。居民收入差距过大，使大量低收入群体不能很好地分享改革发展成果，不能很好地落实以人为本，影响人们积极性的发挥，也不利于更好地促进社会和谐和稳定。

总之，抓住政府改革这个"牛鼻子"，就能把各项经济改革带动起来，形成推动经济发展方式转变的合力，切实做到以改革促转方式，促经济健康发展。

第四节　重启改革议程逐步形成共识

为什么十八大后重启改革议程被越来越多的人认可，形成共识？这主要有两方面原因。

一是十八大报告首次明确提出，深化改革是加快转变经济发展方式的关键。而大家早已明确，对中国来说，转变经济发展方式已刻不容缓。怎样转变，大家也逐渐明确，关键靠深化改革，而其他措施如完善法律法规和政策、改进管理等，当然也很重要，但不是关键。十八大报告指出，"全面建成小康社会，必须以更大的政治勇气和智慧，不失时机深化重要领域改革，坚决破除一切妨碍科学发展的思想观念和体制机制弊端，构建系统完备、科学规范、运行有效的制度体系，使各方面制度更加成熟更加定型。"十八大报告如此重视改革、强调改革，自然就把大家集聚在改革的大旗下，重启改革议程。

二是中国经济转型的现实需要。中国经济在改革开放后经过 30 多年的高速增长，取得了令世人瞩目的成绩，2010 年已成为世界第二大经济体，2011 年人均 GDP 已达 5000 美元，进入中上等收入国家行列。与此同时，也积累了不少矛盾和问题，国民经济不平衡不协调不可持续的问题突出，资源环境瓶颈制约越来越严重，治理大气和水污染的呼声越来越高，居民财产和收入差距过大，社会群体事件高发，腐败蔓延遭到百姓痛斥。这就更加迫切地要求加快转变经济发展方式，实现经济转型，从追求数量扩张规模转变为追求质量提高效率，同时，也要求社会转型，伸张公平正义，让人人共享改革发展成果。为此，也必须积极深化改革。其中，经济改革的中心是更大程度、更广范围发挥市场在资源配置中的基础性作用，十八届三中全会进一步提出使市场在资源配置中起决定性作用；社会改革的中心是更加注重公平的收入分配制度改革；行政管理体制改革的中心是政府改革和职能转换，解决政府越位、错位、不到位问题。总之，坚持社会主义市场经济改革方向，全面深化改革，已成为加快转变经济发展方式，推进经济转型的必然选择。

需要指出，所谓重启改革议程，大家理解的是重启重大的改革议程。1978年改革开放以来，我认为我国经历了三次重大的改革，一是改革初期推行农村家庭联产承包责任制，农民获得生产经营自主权；二是1992年确立社会主义市场经济体制改革目标和此后大步推进市场化改革；三是2001年末以加入世界贸易组织为标志的对外开放新阶段。这三大改革都是在2002年前推行的。此后10年，尽管也推进了一些改革，如上市公司股权分置改革、四大国有商业银行整体上市、集体林权制度改革、统一内外资企业所得税、取消农业税、一些服务行业营业税改为增值税，等等，但是没有推进类似前面三大影响全局性的改革。2003年，党的十六届三中全会作出了《关于完善社会主义市场经济体制若干问题的决定》，提出了许多改革措施，可惜此后没有很好落实，基本上是束之高阁。比如，决定提出的五个统筹就没有落实，统筹城乡发展变为大量侵占农民土地、损害农民权益，出现了土地财政；统筹人与自然和谐发展也没有落实，其结果是全国生态和环境总体不断恶化，大气污染严重，雾霾不断侵袭，令人喘不过气来。又如，2003年《决定》提出要加快垄断行业改革，但实际是垄断行业改革基本停滞，而且垄断行业因利益逐渐固化成为改革的巨大阻力。再如，2003年《决定》提出研究开征物业税即房地产税也放在一边。可以想象，如果在2003年《决定》作出后不久就开始征收房地产税，当时的阻力不会像现在这样大，因为那时有两套和两套以上房产的人不多；同时，房地产市场乱象不会像现在这样严重，因为开征房地产税能有效抑制对房地产的投机和投资需求。还有，如果我们能够按照决定的要求逐步完善新的体制，当前老百姓最为痛恨的腐败现象就不会发展为如此严重和普遍的制度性腐败，官员的财产公示制度也不会像现在这样千呼万唤不出来。

十八大以后不久，2012年年底中央经济工作会议指出，稳增长、转方式、调结构，关键是全面深化经济体制改革。要深入研究全面深化体制改革的顶层设计和总体规划，明确提出改革总体方案、路线图、时间表。这预示着，改革的脚步声已经离我们越来越近了，改革即将翻开新的一页。

第三章
提出市场在资源配置中起决定性
作用的重大意义

　　党的十八届三中全会作出的《中共中央关于全面深化改革若干重大问题的决定》，是指导我国到 2020 年全面建成小康社会深化"五位一体"改革的纲领性文件。《决定》指出，经济体制改革是全面深化改革的重点，要发挥经济体制改革的牵引作用。同时指出，紧紧围绕使市场在资源配置中起决定性作用深化经济体制改革。"使市场在资源配置中起决定性作用"是《决定》的新提法、新论断，是我国全面建设小康社会新阶段为进一步积极稳妥从广度和深度上推进市场化改革而提出的新指针，具有重大的理论和实践意义。

第一节　市场在资源配置中起决定性作用是
二十多年来沿用的基础性作用
提法的继承和发展

　　1992 年，党的十四大第一次确定我国社会主义市场经济

体制的改革目标。这在我国改革发展史上具有重要里程碑式意
义。确定这一改革目标，表明我们党突破了传统社会主义经济
理论一直认为的社会主义和市场经济是格格不入的、市场经济
是资本主义的制度属性，首次提出计划多一点还是市场多一
点，不是社会主义与资本主义的本质区别。计划和市场都是经
济手段，资本主义可以用，社会主义也可以用（《邓小平文
选》第三卷，人民出版社，1993）；还提出市场经济是一种资
源配置方式，社会主义也可以利用这种资源配置方式发展经济
（《江泽民与社会主义市场经济体制的提出》，中央文献出版
社，2012）。这就是说，社会主义和市场经济是可以互相结合
的。这是一次重大的思想解放，由此带来了经济体制的大变革
和社会生产力的大解放。

　　1992 年在确立社会主义市场经济体制改革目标时，明确
市场在资源配置中起基础性作用。从那以后，中国的市场化改
革在经济领域蓬勃开展，到 20 世纪末中国已经初步建立社会
主义市场经济体制。市场化改革有力地促进了中国经济迅速起
飞和快速发展，至 2010 年，中国已成为世界第二大经济体，
中国 GDP 占世界 GDP 总量的份额，从 1978 年的 1.8%，至
2012 年提高到 11.5%，人均国民总收入达 5680 美元，进入中
上收入国家行列。与此同时，我们也要清醒地看到，国民经济
在高速发展中出现和积累了不平衡、不协调和不可持续的问
题，转变经济发展方式已刻不容缓。而之所以存在上述问题，

根本原因，是我国社会主义市场经济体制还不完善，加上改革步伐在进入 21 世纪后有所放慢，因而存在不少体制性问题，妨碍经济的持续健康发展。这意味着，改革进入攻坚期和深水区。我们必须以强烈的历史使命感，最大限度地集中全党全社会智慧，最大限度地调动一切积极因素，敢于啃硬骨头，敢于涉险滩，以更大决心冲破思想观念的束缚、突破利益固化的樊篱，推动中国特色社会主义制度自我完善和发展，重点是完善社会主义市场经济体制。为此必须进一步处理好政府和市场的关系这个经济体制改革的核心问题，使市场在资源配置中起决定性作用和更好发挥政府作用。

为什么《决定》要用市场在资源配置中起决定性作用代替原来的基础性作用呢？我认为主要有以下几点。

第一，这是我们党对社会主义市场经济体制改革认识不断深化的结果。1992 年，党的十四大确立社会主义市场经济体制改革目标时，就提出了"使市场在社会主义国家宏观调控下对资源配置起基础性作用"。2002 年，党的十六大进一步提出，"在更大程度上发挥市场在资源配置中的基础性作用，健全统一、开放、竞争有序的现代市场体系。"2012 年党的十八大更进一步提出，"更大程度更广范围发挥市场在资源配置中的基础性作用"。可以看出，20 年来，对市场机制作用的认识是逐步往前走的。人们越来越深切地感受到，资源的稀缺性要求不断提高资源配置效率，而迄今为止的中外实践表明，市场配置资源是最为有效率的，市场经济就是市场配置资源的经济。《决定》指出，"市场决定资源配置是市场经济的一般规律，健全社会主义市场经济体制必须遵循这条规律"。新的提法即市场在资源配置中"起决定性作用"比原来"起基础性作用"的提法，能够更加确切和鲜明地反映市场机制对资源配置的支配作用，反映市场经济的基本规律价值规律的内在要求。

第二，这是经济改革实践发展的必然选择。党的十四大确立社会主义市场经济体制改革目标后，在市场化改革推动下，比较快地初步建立起社会主义市场经济体制。但是还不完善，还存在不少体制性弊端，突出地表现在政府直接配置资源过多，政府对社会经济活动干预过多，存在多种形式的行政垄断，一些部门在非自然垄断环节阻碍竞争；政府对市场和价格的不当干预妨碍全国统一的现代市场体系的形成，对非公有制经济实施某种歧视性政策，也妨碍公平竞争市场环境的形成和完善；政府对宏观经济的管理还不完善，对市场的监管不到位，政府的公共服务、环境保护和社会管理也远未到位；等等。这说明，在政府和市场的关系方面存在政府越位和缺位现象，从而在相当程度上影响市场机制对于社会经济活动的调节作用。

为了今后进一步深化市场化改革，处理好政府和市场的关系，《决定》用市场在资源配置中起决定性作用的提法，代替过去沿用的基础性作用的提法。这意味着，凡是依靠市场机制能够带来较高效率和效益，并且不会不可逆地损害社会公平和正义的，都要交给市场，政府和社会组织都不要干预。各个市场主体在遵从市场规则范围内，根据市场价格信号，通过技术进步、劳动者素质提高、管理创新，努力提高产品和服务质量，降低成本，在公平的市场竞争中求生存求发展，提高市场竞争力，优胜劣汰。市场机制这只无形的手，像一条无情的鞭子，督促着每一个市场主体努力再努力、前进再前进，永不停滞，永不懈怠，使整个社会经济活动形成你追我赶、奋勇争先的局面，不断提高社会生产力。这正是价值规律的革命作用的表现。在社会主义市场经济体制下，我们有很好的条件使价值规律的革命作用更加充分地发挥出来，从而促进我国经济长期持续健康发展。

第三，可以更好地发挥政府作用。市场在资源配置中起决定性作用并不意味着不重视政府的作用，而是要明确政府职能，更好发挥政府作用。《决定》明确指出，"政府的职责和作用主要是保持宏观经济稳定，加强和优化公共服务，保障公平竞争，加强市场监管，维护市场秩序，推动可持续发展，促进共同富裕，弥补市场失灵。"具体来说包括以下五个方面。一是要搞好宏观经济调控，保持宏观经济稳定运行，防止大起大落，这是专属中央政府的职能。《决定》指出，"宏观调控的主要任务是保持经济总量平衡，促进重大经济结构协调和生产力布局优化，减缓经济周期波动影响，防范区域性、系统性风险，稳定市场预期，实现经济持续健康发展。"二是要加强市场监管，维护市场公平竞争秩序，政府主要是裁判员而不是运动员，即使对国有企业也要实行政企分开、政资分开。《决定》要求"改革市场监管体系，实行统一的市场监管，清理和废除妨碍全国统一市场和公平竞争的各种规定和做法，严禁和惩处各类违法实行优惠政策行为，反对地方保护，反对不正当竞争。"还特别提出，为促进公平竞争，"加强对税收优惠特别是区域税收优惠政策的规范管理。税收优惠政策统一由专门税收法律法规规定，清理规范税收优惠政策。"三是要做好公共服务，这方面现在做得很不到位，需要加快补上去。《决定》还提出，"国有资本加大对公益性企业的投入，在提供公共服务方面作出更大贡献。"四是完善社会治理，加强社会管理，促进社会和谐和全面进步。五是保护环境和生态，这是针对进入新世纪后我国环境生态问题突出而对政府提出的新要求，也是我国"五位一体"建设对政府提出的新要求，《决定》在加快生态文明制度建设部分对此作了系统的论述，提出健全自然资源资产产权制度和用途管制制度，划定生态保护红线，实行资源有偿使用制度和生态补偿制度，改革生态环境保护管理体制等。可见，政府职能转换到位，对于更好地发挥市场在资源配置中的决定性作用，对于完善社会主义市场经济体制，促进经济持续健康发展，也是至关重要的。

第二节　市场在资源配置中起决定性
作用的三个指向

《决定》提出市场在资源配置中起决定性作用，既是我们党对市场化改革认识的深化和发展，也是针对我国经济改革实践的发展对深化改革提出了更高的要求，为我国深化经济改革进一步指明了方向和路径。提出市场在资源配置中起决定性作用，我认为主要指向有三点。

第一，解决政府对资源配置干预过多问题。目前中国经济体制存在的最突出问题是政府对资源的直接配置过多，一些地方政府公司化倾向严重，追求本地区短期 GDP 增速最快化，为此不惜拼资源、拼环境，大量资源被低效使用，浪费严重，同时造成环境污染和生态损害，债台高筑，对民生问题不够重视，老百姓对此怨言不少。一些中央部门则热衷于维持审批体制，追求部门利益，有些官员甚至搞权钱交易，违法谋取私利。与此同时，政府在向老百姓提供基本公共服务、维护公平竞争市场环境、监管食品药品安全及治理环境污染等方面又做得很不到位。十八大报告明确指出，"经济体制改革的核心问题是处理好政府和市场的关系，必须更加尊重市场规律，更好发挥政府作用。"这次《决定》指出，"必须积极稳妥从广度和深度上推进市场化改革，大幅度减少政府对资源的直接配置，推动资源配置依据市场规则、市场价格、市场竞争实现效益最大化和效率最优化。"可以看出，政府改革、政府职能转换是目前经济改革的关键，全面深化改革的关键，也是市场在资源配置中起决定性作用的关键。党的十八大以后，中央政府在下放权力、减少审批体制方面抓得很紧。李克强总理在今年三月作的《政府工作报告》中说，"国务院机构改革有序实施，分批取消和下放了416项行政审批等事项，修订政府核准的投资项目目录，推进工商登记制度改革。""今年要再取消和下放行政审批事项200项以上。"相对而言，地方政府改革力度似乎要弱一些。地方政府如何大幅度减少对资源的直接配置，如何逐步摆脱对土地财政的依赖，如何硬化财政约束和不再无序扩张债务，如何真正加强地方政府公共服务、市场监管、社会管理、环境保护等职责，可以说尚未真正破题，有待抓紧探索和动起来。

第二，解决市场体系不健全、真正形成公平竞争的市场环境问题。要使市场在资源配置中起决定性作用，需要有全国统一开放的市场体系和公平竞争的环境。正如《决定》指出的，"建设统一开放、竞争有序的市场体系，是使市场在资源配置中起决定性作用的基础。必须加快形成企业自主经营、公平竞争，消费者自由选择、自主消费，商品和要素自由流动、平等交换的现代市场体系，着力消除市场壁垒，提高资源配置效率和公平性。"目前我国的市场体系还不够完善,主要表现在生产要素和资源产品价格市场化程度不高,存在不同程度的扭曲,这同政府不当干预过多有关,也同市场发育不够成熟有关;市场公平竞争环境也不健全,有的地方政府搞市场封锁,对外地产品和流向外地原材料搞价格歧视;为鼓励本地区高耗能产品生产的发展,不顾国家禁令实行优惠电价,违规实行低地价零地价、放纵排污和税收优惠等;假冒伪劣产品也时有出现,冲击市场,坑害消费者。所以,我们必须加快建立现代市场体系,政府要加强市场监管,营造公平竞争的环境,使各个市场竞争主体在公平的舞台上平等竞争,优胜劣汰,不断提高效率。

第三,解决对非公有制经济的一些歧视性规定,包括消除各种隐性壁垒设置等问题。首先是认识问题。一个时期以来,无论是理论界还是经济界,总有人对非公有制经济在社会主义市场经济中的地位和作用估计不足,不承认非公有制经济同公有制经济一样都是我国经济社会发展的重要基础。《决定》第一次对此作出了明确肯定的回答,指出,"公有制经济和非公有制经济都是社会主义市场经济的重要组成部分,都是我国经济社会发展的重要基础。"这是《决定》的一个亮点。前一段时间,由于认识的不足,有的也是为了维护既得利益,导致在政策和行动上对非公有制经济设置和实施了一些歧视性规定和举措,在市场准入方面设置"玻璃门""弹簧门"等,限制竞争，在贷款方面的歧视致使许多民营企业融资成本很高。党和政府一直努力采取措施解决这些问题。这次《决定》进一步明确指出，"支持非公有制经济健康发展。非公有制经济在支撑增长、促进创新、扩大就业、增加税收等方面具有重要作用。坚持权利平等、机会平等、规则平等，废除对非公有制经济各种形式的不合理规定，消除各种隐性壁垒，制定非公有制企业进入特许经营领域具体办法。鼓励非公有制企业参与国有企业改革，鼓励发展非公有资本控股的混合所有制企业，鼓励有条件的私营企业建立现代企业制度。"实际上，改革开放特别是 1992 年确立社会主义市场经济体制改革目标后，在总的有利政策环境下，非公有制经济获得迅速发展。1995 年，个体经济 2529 万户，从业人员 4614 万人，而到 2012 年底，个体工商户已达 4059 万户，从业人员约 8000 万人，资金总额 1.98 万亿元；1995 年，私营企业 65.5 万户，从业人员 956 万人，注册资金 2621 亿元，而到 2012 年底，私营企业已达 1086 万户，从业人员超过 1.2 亿人，注册资金超过 31 万亿元。2012 年民间固定资产投资占全社会固定资产投资（37.5 万亿元）的比例达到 61.3%。现在，非公有制经济对 GDP 的贡献率已超过 60%，提供的税收占全国税收的 70% 以上，占新增就业岗位的 80% 以上，且已成为技术创新的生力军。可以预期，在《决定》指引下，我国非公有制经济将会有更好更快的发展。

第三节　紧紧围绕市场在资源配置中起
决定性作用深化经济体制改革

今后，我国深化经济体制改革，要紧紧围绕使市场在资源配置中起决定性作用展开。正如《决定》指出的，"紧紧围绕使市场在资源配置中起决定性作用深化经济体制改革，坚持和完善基本经济制度，加快完善现代市场体系、宏观调控体系、开放型经济体系，加快转变经济发展方式，加快建设创新型国家，推动经济更有效率、更加公平、更可持续发展。"下面主要讲两点。

第一，把积极发展混合所有制经济作为今后完善基本经济制度的着力点。

公有制为主体、多种所有制经济共同发展的基本经济制度，是我国社会主义市场经济的基础。坚持和完善基本经济制度，也要围绕使市场在资源配置中起决定性作用进行。为了更好地坚持和完善基本经济制度，《决定》对发展混合所有制经济特别重视，并做出重要新论断："国有资本、集体资本、非公有资本等交叉持股、相互融合的混合所有制经济，是基本经济制度的重要实现形式。"要求"积极发展混合所有制经济。"发展混合所有制经济，为深化国有企业改革、国有资本战略性调整进一步指明了方向，为非公有资本参与国有企业改革改组、与其他资本平等竞争进一步指明了方向，是今后完善基本

经济制度的着力点。发展混合所有制经济，有利于消除所有制
歧视，有利于不同所有制资本互相融合，从而有利于市场优化
资源配置的作用更好地发挥出来。

20 世纪 90 年代我国实施允许国内民间资本和外资参与国
有企业改革改组的政策，由于国有企业大量上市，大大促进了
混合所有制经济的发展。就以最赚钱的银行业来说，截至
2012 年底，股份制商业银行总股本中民间资本占比达到 45%，
而城市商业银行总股本中民间资本占比则超过半数，农村中小
金融机构股本中民间资本超过 90%。到 2012 年，我国已有 2494
个境内上市公司，股票市值达 23 万亿元，占当年 GDP 的 43%，
股票有效账户数 14046 万户，中国上市公司相当大部分是由国
有资本参股控股的，它们是典型的混合所有制经济。还有，根
据历年《中国税务年鉴》材料，1999～2011 年，混合所有制经
济对全国税收的贡献率是逐年提高的，1999 年占 11.68%，2005
年占 36.57%，2012 年占 47.03%。这充分反映了混合所有制经
济发展的实况。今后，要允许更多国有经济和其他所有制经济
发展成为混合所有制经济。国有资本新投资项目要鼓励非国有
资本参股。允许混合所有制经济实行企业员工持股，形成资本
所有者和劳动者利益共同体。总之，发展混合所有制经济，不
仅有利于国有资本放大功能、保值增值、提高竞争力，而且有
利于各种所有制资本取长补短、相互促进、共同发展。

与此同时，要继续推进国有大中型企业公司制股份制改

革，完善公司法人治理结构；完善国有资产监管体制，国资监管机构从管企业向管资本为主转变，优化资本配置，提高国有资本收益上缴公共财政比例（2020年提高到占30%），将这部分资金更多用于保障和改善民生。继续支持非公有制经济发展，激发非公有制经济活力和创造力。

第二，着力清除市场壁垒，加快完善现代市场体系。

《决定》第一次提出要探索在市场准入方面实行负面清单的管理模式，"实行统一的市场准入制度，在制定负面清单基础上，各类市场主体可依法平等进入清单之外领域。探索对外商投资实行准入前国民待遇加负面清单的管理模式。"针对一个时期以来一些地方竞相出台优惠政策招商引资进行恶性竞争，造成产能严重过剩等问题，今后，要实行统一的市场监管，清理和废除妨碍全国统一市场和公平竞争的各种规定和做法，建立健全社会征信体系。与此同时，着力深化市场化价格改革，《决定》提出，完善主要由市场决定价格的机制，推进水、石油、天然气、电力、交通、电信等领域价格改革，放开竞争性环节价格。同时明确政府定价范围主要限定在重要公用事业、公益性服务、网络型自然垄断环节，提高透明度，接受社会监督。还要建立城乡统一的建设用地市场。提出，在符合规划和用途管制前提下，允许农村集体经营性建设用地出让、租赁、入股，实行与国有土地同等入市、同权同价。缩小征地范围，规范征地程序，完善对被征地农民合理、规范、多元保障机制。还要深化科技体制改革，发挥市场对技术研发方向、路线选择、要素价格、各类创新要素配置的导向作用，加强知识产权运用和保护，健全技术创新激励机制，改革院士遴选和管理体制，实行院士退休和退出制度，等等。

在完善金融市场体系方面，《决定》明确提出，扩大金融业对内对外开放，在加强监管的前提下，允许具备条件的民间资本依法发起设立中小型银行等金融机构。健全多层次资本市场体系，推进股票发行注册制改革，多渠道推动股权融资，发展并规范债券市场，提高直接融资比重。完善人民币汇率市场化形成机制，加快推进利率市场化，健全反映市场供求关系的国债收益率曲线。加快实现人民币资本项目可兑换。落实金融监管改革措施和稳健标准，第一次明确提出建立存款保险制度，完善金融机构市场化退出机制。

[延伸阅读]

中国价格改革 30 年：成效、
历程与展望①

中国价格改革是中国经济体制改革的一个重要领域。推进

---

① 原载《经济纵横》2008 年第 12 期。

市场化价格改革，是实现经济运行机制转轨的关键。价格改革同所有制改革一起，构成中国经济改革的两条主线。中国实行改革开放后不久，1984 年，党的十二届三中全会《关于经济体制改革的决定》就指出："价格是最有效的调节手段，合理的价格是保证国民经济活而不乱的重要条件，价格体系的改革是整个经济体制改革成败的关键"。改革开放以来，在建立新经济体制过程中，价格改革是继农村实行家庭联产承包责任制改革后的改革突破口。20 世纪八九十年代，价格改革一直走在各项改革前列，一枝独秀，率先在实物产品和服务价格方面实现从政府定价到市场价格的转轨。进入 21 世纪，随着经济增长的进一步加速，粗放式增长的弊端日益显露，资源和环境的瓶颈制约越来越突出，生产要素和资源产品价格市场化改革的必要性和紧迫性引起各方面关心和重视。因此，理顺生产要素和资源产品价格关系，使它们的价格能够反映市场供求关系、资源稀缺程度和环境损害成本，已成为当前最突出、最现实的经济问题。生产要素和资源产品价格的市场化改革，已成为转变经济发展方式，使经济社会转入科学发展轨道，实现又好又快发展的焦点。在这种情况下，认真回顾中国价格改革 30 年的历程，总结其成功经验，并对今后改革攻坚进行展望是有意义的。

一　中国价格改革的巨大成效

中国价格改革包括两方面内容，一为理顺价格关系，改变

价格结构畸形状态；二为改革价格管理体制，从行政定价体制
转变为市场定价体制。在这两方面改革中，后一方面改革是重
点。因为中外实践表明，只有转变价格形成机制，实现从行政
定价到市场定价转变，才能逐步理顺价格关系。在行政定价体
制下，价格关系是不可能理顺的，即使一时调顺了，过不了多
久又必然走向扭曲。在改革价格形成机制方面，中国实行调放
结合、以放为主的方针，经过 10 多年努力，在社会商品零售
总额、工业生产资料销售总额、农副产品收购总额中，市场价
格的比重就已占明显优势。到 2006 年，上述三个方面市场价
格比重则达 92% 以上。请看下表：

单位：%

年份＼项目	社会商品零售总额			工业生产资料销售总额			农副产品收购总额		
	政府定价	国家指导价	市场价格	政府定价	国家指导价	市场价格	政府定价	国家指导价	市场价格
1978	97	5.5	2.8	3	1.3	1.9	3	93.2	95.3
1997	100	13.6	5.6	0	4.8	2.3	0	81.6	92.1
2006	92.6	16.1	1.2	7.4	3.4	1.7	7.4	80.5	97.1

资料来源：王梦奎主编《中国经济转轨二十年》，外文出版社，1999 年，第 102～
104 页；《中国证券报》，2007 年 12 月 14 日。

在服务收费方面，除重要的公共服务收费外，也已实行市
场调节价。市场化价格改革对刺激商品生产和供给，搞活市场
和经济起着极其重要的作用。

中国改革从农村开始，在农村实行家庭联产承包责任制的
同时，大幅度提高收购价格，1979 年 18 种主要农副产品收购

价格就提高了 24.8%，以后还多次提高农副产品收购价格，这就促进了农业生产力的解放和发展，促进了农民收入的提高。按可比价格计算，农林牧渔业总产值 1985 年比 1978 年增长 61.6%，年均增速达 7.1%，大大高于一般年均增速 3% 左右的水平。

20 世纪 80 年代放开价格，结果是放开哪种商品价格，哪种商品就像泉水般涌流出来，使广大干部和群众都看见了市场的"魔力"。早在 1978 年 8 月，广州市决定把沿袭 20 多年的蔬菜购销由国家定价改为购销双方在一定幅度内议价成交。蔬菜价格上扬吸引了四面八方菜源汇聚而来，菜源一年四季充足，几十个品种任人选择，起初一度急升的菜价逐步回落。到 1984 年 11 月 1 日，广州市蔬菜价格全部放开。两个月后，广州率先在全国放开猪肉价格，3 个月后，又率先放开水产品价格，结果是"放到哪里活到哪里"。鱼价放开之初塘鱼价涨至每公斤 6 元，但到广东全部取消水产品派购任务的 1985 年，广州塘鱼价已降为 4 元 1 公斤，成为全国鱼价最低也最早解决"吃鱼难"的大城市。[①]

中国价格改革的最显著成效集中表现在从物资短缺凭证供应的卖方市场变为商品越来越丰富多彩的买方市场。中国

---

① 《广州放开农产品价格——中国价格改革由此开端》，《粤港信息日报》1988 年 7 月 5 日。

长期处于短缺经济状态，市场商品供应一直很紧张，常用凭票供应办法。这种情况，直到改革开放后才逐步改变。广州市20世纪六七十年代票证最多时达118种（粮票、布票最重要），随着改革开放后商品市场供应增加，票证一个个被取消。1982年还有48种票证，1983年减为21种，1984年6种，1988年还剩粮票、糖票2种，不久就全部被取消了。从卖方市场转变为买方市场发生于1997～1998年间。多年来，在商务部重点监测的600多种重要商品中，供略大于求的约占近2/3，供求平衡的占1/3多，只有个别商品有时供应较紧张。

价格形成机制的改革和转轨，从根本上改善了价格结构，使比价差价趋于合理、价格信号比较准确。以初步确立市场价格体制的1997年同改革前夕的1978年相比，农产品收购价格上升了425.4%，农村工业品零售价格上升了194.8%，1997年农产品换工业品数量比1978年增加50%以上，工农产品价格剪刀差缩小了。从农产品内部比价看，1997年与1978年相比，粮食收购价格总水平累计上升了574.7%，比农产品收购价格总水平上升率高149.3%，说明粮食价格偏低的状况有所改善。从工业品内部比价看，1997年与1978年相比，采掘工业产品价格累计上升了712%，原材料工业产品价格上升了411%，加工业产品价格累计上升了201%，说明历史上遗留下来的加工工业品价格偏高、基础产品价格偏低的状况有了明

显的变化。[①] 实践表明,理顺价格关系,减少价格扭曲,能有
力地促进经济增长。改革开放 30 年来,我国年均经济增长率
高达 9.8%,其中就有通过价格改革初步理顺价格关系的一份
功劳。

改革开放以来,丰富和成功的改革实践,促成了规范价格
行为的《价格法》自 1998 年 5 月 1 日起实施,一系列相关的
配套法规也在逐步制定和完善中,这使中国的价格改革和价格
行为逐步纳入法治的轨道。这也是价格体制趋于完善的一项重
要标志。

二　中国价格改革的主要历程

中国价格改革采取逐渐推进、"摸着石头过河"的方式,
总体来说比较平稳、顺利。尽管有的经济学家曾建议一次放开
价格的思路[②],但未被采纳。由于价格改革采取逐步推进的
方针,不像苏东等国在向市场价格体制转轨中出现恶性通货
膨胀和人民生活水平大幅度下降的严重问题,而是能够在保
持物价大体稳定下推进价格改革,1978~2007 年平均年物
价上涨率(以 CPI 为代表)为 5.7%,仍在社会可承受的范

---

① 王梦奎主编《中国经济转轨二十年》,外文出版社,1999,第 104 页。

② 吴稼祥等:《管住货币一次放开价格的思路》,《世界经济导报》1998 年 8 月 8
日,第 12 版。

围内。尽管这中间也受到过两次中度通货膨胀的干扰和袭击，但治理及时，未形成大的灾难。这就有效地保证了改革开放30年来改革、发展、稳定的相互促进，保证了30年来没有一年经济呈现负增长（增速最低的1990年为3.8%）和人民收入、生活水平的下降。当然，在30年价格改革过程中，也有不少困难，有小的曲折，有思想理论的交锋等。下面列举1979年以来中国价格改革一些值得回味的重要事件或经历。

（一）1979～1984年以调整不合理价格体系为主，为此后较大规模放开价格创造条件

1979年，国家大幅度提高农产品收购价格。提价的有18种农产品，包括粮食、油脂油料、棉花、生猪、菜牛、菜羊、鲜蛋、水产品、甜菜、甘蔗、大麻、苎麻、蓖麻油、蚕茧、南方木林、毛竹、黄牛皮、水牛皮，其中粮食、棉花超计划收购部分还加价50%，平均提价幅度达24.8%。提价刺激了农产品增产和农民收入增加，1979年农民由于农产品提价增加收益108亿元。

在农产品收购价格提高后，国务院于1979年11月1日起，调整了猪肉、牛肉、羊肉、禽、蛋、蔬菜、水产品、牛奶8类主要副食品的销售价格，提价总金额42亿元，提高幅度30%左右，并且给职工发放副食品价格补贴每人每月5元。同时，为了稳定城市居民生活，对于定量供应的粮食、食用油的销售价格保持不变，增加了对经营部门的补贴。

在这期间，对一些重要工业品价格也进行了调整。调高了煤炭、生铁、钢材等产品价格和交通运价（如1983年10月起，铁路货运提价21.6%），降低了农用薄膜、农用柴油、电子产品、农机产品的价格。调整了纺织品价格，主要是1981年11月和1983年初两次调整了涤棉布和纯棉布的比价，大幅度降低了涤棉布的价格，适当提高纯棉布价格，涤棉布和纯棉布比价从3∶1调整到1.4∶1。①

需要指出，改革初期，党和政府采取一系列调价措施，如大幅度提高粮食等农产品收购价格，鼓励农民增收并取得成效，有的同志据此认为，靠政府调整价格也能理顺价格关系。20世纪80年代中期，理论界还推荐测算影子价格，有的经济学家夸大影子价格的作用，企图通过采用决策价格体系来理顺价格关系。②

与此不同，许多经济学家主张让价格回到市场交换中形成，并以市场价格体制作为价格改革的目标模式。调整价格和影子价格、浮动价格等只能作为过渡形式加以利用。他们认

---

① 张卓元主编《中国价格模式转换的理论与实践》，中国社会科学出版社，1990，第51~53页。

② 国务院经济技术社会发展研究中心产业政策研究组：《资源最优配置与决策价格体系》，《成本与价格资料》1987年第20期。

为，由于改革之初价格结构严重扭曲①，因此在改革初期，为避免一下子全面放开价格带来利益关系的剧烈变动和增强价格改革的可控性，需要采取一些调整价格的办法，参考影子价格以及利用浮动价格等，这是无可非议的。但是要看到，调整价格有其固有的缺陷，调价可能使一时价格关系顺一些，但因为没有改变价格形成机制，过不了多久，由于供求关系等变化，原来比较顺的价格关系又不顺了，出现新的扭曲。所以，单靠调整价格是永远理不顺价格关系的。只有实现价格形成机制的转换，即放开价格由市场调节，建立市场价格体制，才能从机制上保证理顺价格关系，保证形成比较合理的价格结构。

（二）1985 年以后以放开价格为主，1985～1988 年消费品价格逐步放开

1985 年 1 月 1 日，中共中央一号文件规定：从当年起，除个别品种外，国家不再向农民下达农产品收购派购任务，按照

---

① 这集中表现在不同行业的资金利润率高低悬殊上面。1979 年，县及县以上国营工业企业的平均资金利润率为 12.3%，但不同行业差别很大：手表 61.1%，工业橡胶 49.4%，针织品 41.1%，自行车 39.8%，染料油漆 38.4%，石油 37.7%，油田 34.1%，缝纫机 33.1%，化学药品 33.1%；而煤炭只有 2.1%，化肥 1.4%，铁矿 1.6%，化学矿 3.2%，船舶 2.8%，水泥 4.4%，半机械化农具 3.1%，木材采选 4.8%，农机 5.1%（何建章等：《经济体制改革要求以生产价格作为工业品定价的基础》，《中国社会科学》1981 年第 1 期）

不同情况，分别实行合同订购和市场收购。粮食、棉花取消统购，改为合同订购，除此以外，生猪、水产品和大中城市、工矿区的蔬菜，也要逐步取消派购。这样，就把多年对粮油实行的统购加价和超购加价这两种国家定价模式，改为国家定价和市场价并存。

工业品方面，从1982年起，陆续放开了小商品价格，第一批为6类160种。第二批1983年9月放开8类350种。1984年10月进一步规定：除各级政府必须管理的少数品种外，放开小商品价格。1986年，全部放开了小商品价格，并放开了自行车、收录机、电冰箱、洗衣机、黑白电视机、中长纤维布和80支以上棉纱制品的价格，扩大了消费品市场调节价范围。

由于逐步放开工农业消费品价格，因此在社会商品零售总额中，市场调节价比重相应地逐步提高，到1990年已超过一半。据国家物价局计算，在社会商品零售总额中，1978年，国家定价占97%，市场调节只占3%；到了1984年，国家定价占73.5%，国家指导价占10.5%，市场调节占16%；到了1990年，国家定价占29%，国家指导价占17.2%，市场调节价占53%。[①]

---

① 成致平：《价格改革十二年综述》，《价格改革三十年（1977~2006）》，中国市场出版社，2006，第648页。

1985 年以后，工业生产资料价格开始逐步放开，先实行价格双轨制，然后合并为市场价格单轨制。此事容后面专段论述。

（三）1988 年价格改革"闯关"未成

1979 年改革开放以后，一系列的调整价格和放开价格措施成效明显，不仅大大推动了工农业生产的快速发展，而且增强了经济活力，市场日趋活跃。进入 20 世纪 80 年代以后，经济增速很快，CDP 年增长率 1981 年为 5.2%，1982 年为 9.1%，1983 年为 10.9%，1984 年为 15.2%，1985 年为 13.5%，1986 年为 8.8%，1987 年为 11.6%，1988 年为 11.3%。与此同时，市场一价格改革任务日显突出。1984 年，党的十二届三中全会作出了《关于经济体制改革的决定》，明确社会主义经济是公有制基础上的有计划的商品经济。1987 年党的十三大提出了"逐步建立起有计划商品经济新体制的基本框架"的任务，1988 年中央领导人一再提出要建立社会主义商品经济的新秩序。这些都要求深化价格改革，理顺价格关系。1988 年 5 月，邓小平提出要过价格改革关的任务，说："理顺价格，改革才能加快步伐。……最近我们决定放开肉、蛋、菜、糖四种副食品价格，先走一步。中国不是有一个'过五关斩六将'的关公的故事吗？我们可能比关公还要过更多的'关'，斩更多的'将'。过一关很不容易，要担很大风险。……物价改革非搞不可，要迎着风险、迎着困难上。"① 接着，中央有关部门研究讨论价格改革"闯关"方案。

1988年8月15～17日，中央政治局在北戴河召开扩大会议，讨论、通过国务院物价委员会制订的《关于价格、工资改革的初步方案》。8月19日，《人民日报》刊登新华社关于政治局讨论并原则通过了《关于价格、工资改革的初步方案》的公报。公报说，会议认为，价格改革的总方向是：少数重要商品和劳务价格由国家管理，绝大多数商品价格放开，由市场调节。以转换价格形成机制，逐步实现"国家调控市场，市场引导企业"的要求，根据各方面的条件和现实的可能，今后5年左右的时间，价格改革的目标是初步理顺价格关系，即解决对经济发展和市场发育有严重影响、突出不合理的问题。公报发表后，由于老百姓已存在通货膨胀预期，很快就在全国范围内出现挤提存款、抢购商品的风潮。据国家统计局资料，8月份社会商品零售总额比上年同期猛增38.6%。这次抢购风潮的特点是：来势凶猛，波及面大，抢购风自8月中旬在少数地区掀起后，迅速蔓延到全国大部分城市和一部分农村；持续时间长，抢购商品范围广、数量大，如洗衣机销售增长13%，电视机增长56%，电冰箱增长82.8%；参加抢购者遍及社会各阶层。据估计，这次商品抢

---

① 《邓小平文选》，第3卷，人民出版社，1993，第262～263页。

购风潮抢购了约 60 亿元商品。受抢购风潮影响，8 月份居民提取储蓄存款 389.4 亿元，比上年同期增长 1.3 倍，大大超出储蓄存款增长 70.3% 的幅度。8 月末，银行储蓄存款金额比 7 月末减少 26 亿多元。与此同时，物价上涨加快。10 月 19 日，《人民日报》载，国家统计局通报情况，1988 年前三个季度全国物价指数上升 16%。针对上述情况，9 月 26～30 日，中共举行了十三届三中全会，批准了中央政治局提出的治理经济环境、整顿经济秩序、全面深化改革的方针、政策和措施，稳定经济和市场。在这之前，8 月 30 日，国务院就明确宣布此后 4 个月国务院没有新的调价措施出台，所以原定的价格改革方案已推迟实施。

1988 年价格改革"闯关"失败的最重要教训是，在通货膨胀抬头的条件下，价格改革是难以顺利推进的。1988 年，各方面都估计当年物价上涨率可能达两位数，老百姓也已存在通货膨胀预期，这种宏观经济环境是不宜价格改革闯关的。有的经济学家也发表了担心的意见，薛暮桥在《光明日报》1988 年 6 月 30 日发表的文章就提出："我们必须实实在在地制止通货膨胀，使我们有可能逐步放松限价，扩大放松的范围，使价值规律能够逐步发挥对物价的市场调节作用。"总之，1988 年价格改革"闯关"，决策层对价格改革必要性紧迫性的认识是对的，是抓住要害的，但对改革"闯关"的条件估计不足，对当时已抬头的通货膨胀估计不足，对群众能否承受较高的物价上涨研究不够。

（四）1984～1991 年中国实行生产资料价格双轨制及顺利并为市场价格单轨制

中国工业生产资料 20 世纪 80 年代中期开始实行双轨制价格，到 90 年代初顺利向市场单轨价格过渡，是中国推进渐进式的市场化价格改革的成功范例。

还在中国开始实行生产资料价格双轨制时，1985 年 9 月，在著名的"巴山轮"会议上，波兰经济学家布鲁斯就对此给予很高的评价，认为是中国一个有用的发明。他说："在生产资料实行双重价格，是中国的发明。从配给制向商品化过渡时，社会主义国家曾经在消费品市场方面实行过双重价格，但把双重价格应用到生产资料上，没听说过。这是一个有用的发明。所谓有用，是指它可以作为一个桥梁，通过它从一种价格体系过渡到另一种价格体系，也就是说由行政、官定价格过渡到市场价格。有了这个桥梁，过渡起来就比较平稳。但有一个重要的条件，双重价格不能持续太长时间。"① 十多年后，美国经济学家斯蒂格利茨又一次对中国实行生产资料价格双轨制给予很高的评价，比喻为"天才的解决办法"。②

----

① 中国经济体制改革研究会编：《宏观经济的管理和改革》，经济日报出版社，1986 年 6 月，第 51 页。

② 〔美〕斯蒂格利茨：《中国第二步改革战略》，《人民日报》（海外版）1998 年11 月 13 日。

中国同种工业生产资料在同一时间、地点上存在计划内价格和计划外价格，即价格双轨制，是 1984 年开始出现的。1984 年 5 月 20 日，国务院规定：工业生产资料属于企业自销（占计划内产品的 2%）的和完成国家计划后的超产部分，一般在不高于或低于国家定价 20% 幅度内，企业有权自定价格，或由供需双方在规定的幅度内协商定价。1985 年 1 月 24 日，国家物价局和国家物资局又通知，工业生产资料属于企业自销和完成国家计划后的超产部分的出厂价格，取消原定的不高于国家定价20% 的规定，可按稍低于当地的市场价格出售，参与市场调节。从此，双轨价格就成为合法化和公开化的了。

价格双轨制是在短缺经济环境下，双重经济体制特别是双重经济运行机制并存的集中表现，是双重生产体制和物资流通体制的集中表现。生产计划体系的改革是缩小国家的指令性计划，给企业予逐渐加大的生产什么、生产多少的决策权；物资流通体制的改革是减少国家统一调拨分配的物资，让企业有权自行销售和采购一部分产品和原材料，这部分自由生产和自由购销，自然要有自由价格相配合才有实际意义。如果没有自由价格，所谓自由生产和自由购销就没有真正落实，只是徒有虚名而已。价格双轨制就是在这种条件下出现的。在价格双轨制中，工业生产资料价格双轨制最为重要。因为同一种农产品价格双轨制，是长时期一直存在的。农民根据规定按牌价向国家出售农产品,同时还可以把剩下的一部分农产品在集市上销售,集市价往往高于国家牌价。工业消费品价格在改革初期就从小商品开始逐步放开,实行双轨制价格的并不普遍和重要。工业生产资料则不同,1984 年以后,实行双轨制价格的迅速扩大,不久即几乎遍及所有产品,成为中国价格改革过程中最具特征性的现象。据 1988 年统计,在重工业品出厂价格中,按国家定价包括地方临时价格销售的比重,采掘业产品为95.1%,原材料产品为 74.6%,加工工业产品为 41.4%。国家定价外销售的部分,一般实行市场调节价。另据国家物价局对 17 个省、自治区、直辖市的调查,1989 年企业按计划购进的生产资料占全部消费额的比重,以实物量计算约为 44%,以金额计算仅占 28%,其中煤炭的计划调拨数量为 45.4%,钢材为 29.7%,木材为 21.7%,水泥为 15.5%。

可见,我国工业生产资料价格走上双轨制道路,是实行渐进式改革不可避免的选择,是从高度集中的行政命令经济体制向社会主义市场经济体制平稳过渡的一种有效途径,企图以此使市场机制渗入经济运行中。这对原来商品市场经济不发达、市场发育很差的中国来说,更是合乎逻辑的。

中国的实践说明,双轨制价格的利弊都较明显。双轨制价格在物资普遍短缺的条件下,能刺激紧缺物资的增产,鼓励超计划的生产,满足计划照顾不到的非国有经济包括乡镇工业的原材料等的需要,有助于调剂余缺、调节流通,有助于了解市场供求关系的变化和正常的比价关系等，这是它的利的一面。双轨制价格又常常在利益驱动下影响供货合同履行，不利于增强一部分承担计划任务较多的大中型企业的活力，助长投机倒把、营私舞弊等，这是它的弊的一面。一些经验数据表明，如果双轨价差不那么大，市场价格高出计划价格一倍以内，双轨价的积极作用可以发挥得好一些；而如果双轨价差很大，市场价格高出计划价格一倍以上，双轨价的消极作用就较突出。还有，双轨价只能在短时间利用，不宜延续时间过长。

　　生产资料双轨价差，主要受供求关系变化影响。1985 年12 月底估计，计划外生产资料市场价格水平一般高于计划价格一倍左右，基本上是正常的。此后，在投资需求过旺拉动下，供求矛盾趋紧，价差拉大，到 1988 年年底，冷轧薄板（0.7~1mm）市场价（每吨4053 元）高出计划价3.1 倍，原钢市场价高出计划价2.5 倍，汽油高出 2.1 倍，柴油高出4.3 倍，烟煤高出6.7 倍，等等。这时，市场秩序混乱，人们热衷于倒买倒卖生产资料，追逐流通利润，以权谋私的寻租活动猖獗，责骂双轨价、要求取消工业生产资料双轨价的呼声很高。1990 年和1991 年，由于国家实行治理整顿、紧缩经济政策见效，宏观经济环境改善，供求矛盾趋于缓和，生产资料市场价格回落，双轨价差缩小，一般回落到高出计划价格一倍以内甚至 50% 以内，个别产品还出现市场价格低于计划价格的现象。

这表明，生产资料价格双轨制并轨的条件具备了①。价格改革的深化也要求生产资料双轨价并为市场单轨价。

双轨价并轨曾受到一些主管部门的阻挠。例如 1991 年，水泥、玻璃和其他一些建材产品，供求关系比较协调，双轨价差不大，各方面都认为并为市场单轨价条件成熟，要求抓住时机并轨。但是，有关主管部门却千方百计阻挠，有人甚至提出要求并为计划单轨价。1992 年，国家物价局通过重新修订和颁布中央管理价格的分工目录，其中，重工业生产资料和交通运输价格由 1991 年的 47 类 737 种减少为 89 种（国家定价 33 种，国家指导价 56 种），一次放开近 600 种，使绝大部分工业生产资料双轨价一下子并为市场单轨价。显然，这是明智之举。

中国的实践表明，必须立足于改革，以市场为取向解决工业生产资料价格双轨制问题。在这个过程中，不应把主要精力用在具体计算并轨过程中价格水平的确定上面。当然，对于并为计划轨的极个别产品来说，的确有一个重新合理确定价格水平的问题，如实行计划价格和市场价格综合平均定价等。但是，绝大部分产品是并为市场单轨价的，就不存在所谓合理定价问题，而是放开由市场调节。中国在价格改革过程中，由于

① 张卓元：《论中国价格改革与物价问题》，经济管理出版社，1995 年 2 月，第 92、151、152 页。

比较好地解决了这个问题，使工业生产资料价格双轨制画了一个圆满的句号。

（五）从狭义的价格改革扩展为广义的即包括生产要素价格市场化的价格改革

中国实物商品和劳务价格的市场化改革，即通常被称为狭义的价格改革，到 20 世纪 90 年代中期，已基本完成。1997年，无论是社会商品零售总额，还是工业生产资料销售总额和农副产品收购总额，市场调节价的比重均已超过 80%，市场价格体制已基本确立。但是，中国价格改革尚未完成。价格改革还要从狭义的价格改革扩展为广义的，即包括生产要素价格市场化的价格改革。

生产要素价格主要包括：资金的价格——利息、劳动力的价格——工资、土地的价格——地租和地价、人民币对外币的比率——汇价。按照发展社会主义市场经济的要求，它们都要求由市场形成和调节，以免最重要的市场信号失真，影响资源配置效率的提高。

在生产要素价格中，资金（本）的价格利息率特别重要。因为资金是每一个市场经济社会最重要和稀缺的经济资源。生产要素价格的市场化，首要是实现利息率的市场化。目前我国大部分本币存贷款仍实行银行统一利率，有一段时间还实行负利率政策，致使资金价格严重扭曲，银行利率与市场利率差距很大（有时达一倍以上），不但不利于资金的合理利用和优化配置，不利于鼓励居民储蓄，而且使资金供应更趋紧张，助长寻租活动和腐败。应尽快地转向政府或中央银行对利率的调节，主要是调节基准利率，并以此来影响市场利率，而不是直接规定金融市场上利率及其变动。对于商业银行和其他金融机构的存贷款利率，政府不要干预，放开由市场调节。对于各个企业、公司直接融资的利率，也应由发债主体自行决定债券的利率，政府同样不要干预。政府需要对基础设施建设或先导产业的发展给予优惠贷款时，可采取财政贴息的办法解决。

工资是劳动力的价格，工资体制改革的方向是市场化，即工资应在劳动力市场上通过竞争形成。劳动力价格——工资的市场化，是企业成为真正的市场活动主体的前提。劳动力不能流动，职工总是捧"铁饭碗"，干好干坏一个样，企业就无法在市场上竞争，或者在竞争中必然失败。职工不能优胜劣汰，企业也就不能优胜劣汰，市场机制也就无从发挥作用。因此，劳动力价格的市场化，是企业制定现代企业制度和走向市场的重要一环。当然，劳动力价格的市场化、劳动力市场的建立和发展的进程，要同社会保障制度的建立和逐步健全密切配合，以利于人心的安定和社会的稳定。

鉴于在20世纪八九十年代土地批租出现许多腐败大案，为了纠正目前土地价格特别是城市土地使用权转让价格相当混乱的不正常状况，今后需加强地价评估。商业性用地使用权的出让和转移，一律要通过招标、投标、公开拍卖方式进行，加强竞争性，提高透明度。通过房地产营业税、所得税和增值税等手段，防止土地使用权转让和交易中国家土地收益的流失，打击非法"炒买炒卖"地皮、哄抬地价、牟取暴利的活动。

中国已于 1994 年初进行了汇率并轨，并实现了人民币在经营账户范围内有条件地同外汇自由兑换。今后汇率应按外汇的供求关系变化和国际市场汇率变动进行调整，在条件成熟时，实现人民币在资本账户方面同外汇的自由兑换。但要注意，在条件尚未成熟时，不要匆忙开放人民币资本账户的自由兑换。20 世纪 90 年代后期亚洲金融危机的深刻教训值得我们认真吸取。

（六）依法规范政府和企业的价格行为

市场化价格改革并不是简单地把价格放开，完全放任自流。市场经济的竞争是有规则、有秩序的。实行市场价格体制，市场主体价格行为也是要依法进行规范的。《中华人民共和国价格法》（以下简称《价格法》）于 1998 年 5 月 1 日起实施。《价格法》是我国价格法律体系中最根本的法律。它的制定和颁布，对于巩固价格改革成果，深化价格改革，规范价格行为，具有十分重要的意义。市场经济活动包括价格行为法治化，是完善社会主义市场经济体制的内在要求。所以，1998 年以来，依法规范政府和企业的价格行为，也是深化价格改革的一个重要方面。

依法规范政府和部门的定价和收费行为，制止政府乱收费和有的部门千方百计保持垄断地位阻挠竞争，为本地区、本部门和本单位捞取好处。各种各样名目繁多的乱收费，屡禁不止，已经成为顽症，使一些企业和居民苦不堪言。这说明，依法规范政府和部门价格行为是十分必要的。还要着力改革垄断行业价格管理制度，合理认定成本，确定适当的利润水平，实行价格听证制度，强化对垄断行业价格的监管和社会监督等。

20世纪90年代后期，由于出现多种重要产品价格大战，有关部门曾倡导搞"行业自律价格"，冶金、建材、化工、电子等行业先后对钢材、玻璃、纯碱、彩管等实行行业自律价格。这个办法一出台，就引发不同意见的争论，反对"行业自律价格"的呼声很高。"行业自律价格"因缺乏充分的法律依据和理论依据，问题不少，也难以操作，已流于形式。但这一场争论，对企业如何走向市场，参与竞争，适应市场经济的发展，却大有好处。自律价的最大问题是企求限制竞争，有的甚至想搞行业垄断价格，完全违背了市场经济鼓励竞争的本质要求。由于不合理重复建设造成的一些产品生产能力过剩、产品大量积压，引发价格大战。有的企业搞不正当竞争，低于自己的成本倾销产品，这是不对的，应依法纠正。但这不应妨碍有的先进企业，用低于社会成本（但仍高于本企业成本）的价格销售自己的产品提高市场占有率的做法，因为这是市场经济中最常见最典型的竞争行为，是价值规律发挥优胜劣汰积极作用的生动体现。"行业自律价格"的问题在于企图限制后一种完全正当的竞争，因而肯定会在实践中碰壁。从这里可以看出，如何依据《价格法》规范企业的价格行为，还要根据实践提供的丰富经验，作出更准确、更清晰的规定。

三　21 世纪深化生产要素与资源产品价格改革任务

进入 21 世纪后，我国面临全面建设小康社会、加快推进工业化和城市化的艰巨任务。2003 年以来，我国经济增速加快，连续五年达两位数，但经济增长付出的资源环境代价过大，生产要素（如土地）和资源的瓶颈约束突出。党和政府提出建设资源节约型、环境友好型社会任务，要求转变经济增长和发展方式，节能减排，使经济社会转入科学发展轨道，实现又好又快发展。为此，2007 年党的十七大特别提出要完善反映市场供求关系、资源稀缺程度、环境损害成本的生产要素和资源价格形成机制，为 21 世纪新阶段深化价格改革指明了重点和方向。

我国粗放型增长和发展方式之所以很难转变，一个重要原因，是重要生产要素和资源价格严重偏低，实际上鼓励大家粗放扩张。

一是地价低。一些地方政府用行政权力向农民低价征地，然后办开发区，低价出让土地招商引资。我国人均耕地只有 1.4 亩，只及世界平均水平的 40%，地价低引发对耕地这一宝

贵资源的滥用和浪费。1996 年，我国耕地总面积为 19.51 亿
亩，到 2006 年底，已降为 18.27 亿亩，10 年间净减少 1.24 亿
亩。①

二是水价低。我国城市的水价不仅没有包括水资源价格，
有的还不包括污水处理费或者污水处理费很低，低于成本。农
用水几乎是免费的。各个城市水价普遍偏低，有人算过，仅为
国际水价的 1/3。水价低导致一些年我国水行业全行业亏损。
我国人均淡水资源只为世界平均水平的 1/4，目前 600 多个城
市中已有 400 多个城市缺水。因此，必须把淡水看成宝贵资
源，珍惜使用。

三是能源价包括煤价、油价、天然气价、电价低。中国的
燃油消费税是美国的 10%，是欧洲的 3%~5%。大量高能耗
产品之所以争着出口，是因为中国能源价格低。2003 年我国
能源消耗惊人增长，能源消费弹性系数多年居高不下，请看
下表：

时　间	GDP 增长率（%）	能源消费增长（%）	能源消费弹性系数
1981~1990	143	64	0.44
1991~2000	162	32	0.2
2001	8.3	3.4	0.41
2002	9.1	6	0.66

---

① 陈锡文：《走中国特色农业现代化道路》，《十七大报告辅导读本》，人民出版
社，2007，第 141 页。

续表

时　间	GDP增长率(%)	能源消费增长(%)	能源消费弹性系数
2003	10	15.3	1.53
2004	10.1	16.1	1.59
2005	10.4	10.6	1.02
2006	11.6	9.6	0.83
2007	13	7.8	0.60

资料来源:《中国统计年鉴2008》,中国统计出版社,2008。

低能源价使中国能源消耗急剧增长,其直接结果是:大量消耗煤炭使环境污染加重;大量进口原油推高了国际市场油价,原油的对外依存度接近50%。

四是矿产品价格低。长期以来,我国十多万个矿山企业中仅有2万个矿山企业是付费取得矿山开采权的,绝大部分是通过行政授予无偿占用的。前两年,我国矿产资源补偿费平均率为1.18%,而外国一般为2%~8%。这几年提高了资源税费,但仍然偏低。我国矿产资源并不丰富,人均占有的石油、天然气和煤炭资源储量分别为世界平均水平的11%、4.5%和79%;45种矿产资源人均占有量不到世界平均水平的一半;铁、铜、铝等主要矿产资源储量分别为世界平均水平的17%、17%和11%。主要矿产品的对外依存度已从1990年的5%上升到目前的50%。资源如此短缺而价格那么低廉,是很不正常的。

五是资金价格低。2004年以来,银行存款利率不时是负的，近期更是连续一年多是负的。资金价格低，资金成本低，是近几年我国投资过热的一个重要原因。

六是劳动力价格低，突出的是农民工工资低，月均仅千元左右。随着经济发展，需逐步提高。

要转变经济发展方式，建立资源节约型社会，形成节能、节地、节水、节材的生产方式和消费模式，必须深化生产要素和资源产品价格改革，使它们的价格能很好地反映资源的稀缺程度。有许多资源产品，它的开采和使用，往往会损害环境和破坏生态，所以它们的价格还要反映环境损害和生态破坏成本。总的是逐步提高价格，用价格杠杆迫使生产企业和消费者节约使用资源，提高资源利用效率，使整个经济运行走上资源节约型轨道，走上科学发展轨道。

总之，要根据经济发展需要和社会的承受能力，按照价值规律的要求，逐步提高资源产品价格，并择机放开资源产品价格。2005 年和 2006 年，CPI 上涨率只为 1.8% 和 1.5%，是调整能源资源产品价格的大好时机，可惜当时由于对资源产品价格改革重要性认识不够到位，以致丧失了时机，没有及时地对资源产品价格作较大幅度调整。中国 2007 年 7 月到 2008 年 7 月，CPI 上涨率一直在 5% 以上，出现了通货膨胀，难以很好推进资源产品价格改革。同时，对能源、食品价格的管制加重了价格扭曲，不利于资源配置效率的提高。因此，今后应特别注意抓住有利时机，加快推进资源产品价格改革。同时，提高水、电、油等价格后，要考虑对农民和低收入群体提供某种补助，包括适当提高最低生活保障标准或发放临时补贴等。

参考文献

1. 中国经济体制改革研究会编《宏观经济的管理和改革》，经济日报出版社，1986。
2. 张卓元主编《中国价格模式转换的理论与实践》，中国社会科学出版社，1990。
3. 马凯：《中国价格改革 20 年的历史进程和基本经验》，《价格理论与实践》1999 年第 1 期。
4. 王梦奎主编《中国经济转轨二十年》，外文出版社，1999。
5. 成致平：《价格改革三十年（1977～2006）》，中国市场出版社，2006。
6. 胡锦涛：《高举中国特色社会主义伟大旗帜为夺取全面建设小康社会新胜利而奋斗——在中国共产党第十七次全国代表大会上的报告》，2007 年 10 月 15 日。
7. 《十七大报告辅导读本》，人民出版社，2007。

第四章

混合所有制经济是基本经济
制度的重要实现形式

党的十八届三中全会作出的《中共中央关于全面深化改革若干重大问题的决定》（以下简称《决定》）提出，发挥经济体制改革的牵引作用，全面深化改革。而在布局经济体制改革时，首先是坚持和完善基本经济制度，还特别提出，混合所有制经济是基本经济制度的重要实现形式。积极发展混合所有制经济，是今后深化国有企业改革、完善基本经济制度的必然要求。

第一节　坚持和完善基本经济制度，进一步
夯实中国特色社会主义的重要支柱

公有制为主体、多种所有制经济共同发展的基本经济制度，是中国特色社会主义制度的重要支柱，也是社会主义市场

经济体制的根基。

　　1997 年党的十五大确立公有制为主体、多种所有制经济共同发展的基本经济制度以来，我国公有制经济特别是国有经济和非公有制经济都有巨大的发展。1998 年，国有工商企业净资产总额为 5. 03 万亿元，而到 2013 年 8 月，国有企业（不包括国有金融类企业）净资产 30. 4 万亿元，其中仅国有中央企业净资产总额就达 16. 1 万亿元。（《〈中共中央关于全面深化改革若干重大问题的决定〉辅导读本》，人民出版社，2013）这些事实充分说明，我国基本经济制度是适合社会生产力发展要求的，这一制度安排有利于激发各种所有制的经济活力和创造力，为我国经济持续健康发展提供了广阔的空间。

　　今后，为巩固和完善基本经济制度，首先需要在思想认识上明确，公有制经济和非公有制经济都是社会主义市场经济的重要组成部分，都是我国经济社会发展的重要基础。我们要认识到，我国仍然处于而且将长期处于社会主义初级阶段，在建设中国特色社会主义过程中，发展非公有制经济，对于促进经济增长、推动技术创新、提供就业岗位、增加居民收入、增加国家税收、满足人民群众日益增长的多方面的物质和文化需要等，都具有重要的和不可替代的作用。直到现在，我们还看不到个体经济将会消失的现实前景，因此也就看不到私营经济消灭的前景。新的工业革命和技术革命昭示我们，未来许多产品将向个性化、差异化发展，生产社会化规模化不断发展并不是普遍适用的铁的规律，从而使个体经济终有一天会在社会化大生产冲击下走向消亡的设想更加不切合实际。因此，我们要确认非公有制经济同公有制经济一样，都是我国经济社会发展的重要基础，在制定各项方针政策和实际工作中消除所有制歧视，包括消除各种隐形壁垒，继续支持、鼓励和引导非公有制经济更好地发展。

与此同时，要继续坚持两个"毫不动摇"。《决定》指出，必须毫不动摇巩固和发展公有制经济，坚持公有制主体地位，发挥国有经济主导作用，不断增强国有经济活力、控制力、影响力。必须毫不动摇支持非公有制经济发展，激发非公有制经济活力和创造力。关于这个问题，近两三年在理论界和工商界对以公有制为主体有两种差距较大的看法。有的理论界人士鉴于这些年非公有制经济迅速发展，其对 GDP 的贡献率已超过一半，就认为公有制为主体已被突破，社会主义的根基受到动摇，主张限制非公有制经济发展，实行再公有化；而有的工商界人士则认为，当前现实经济活动实际上已经是民营经济为主体，如果继续坚持以公有制为主体，似乎名不副实，也不利于鼓励民营经济的发展。这两种认识都是不全面的。党的十五大在确立基本经济制度时，对以公有制的主体地位的含义有非常明确的规定，指出："公有制的主体地位主要体现在：公有资产在社会总资产中占优势；国有经济控制国民经济命脉，对经济发展起主导作用。"现在，我国国有工商企业资产、金融资产、城市土地资产、自然资源资产、农村集体所有土地资产等公有资产，在社会总资产中占有绝对优势，国有经济牢牢控制着国民经济命脉并对经济发展起主导作用，这恐怕是不会有人怀疑的。最近，有一篇文章对我国公有资产占全部资产的比例进行估算，得出的结论是：截至 2012 年，我国三次产业经营性总资产约为 487.53 万亿元（含个体工商户资产），其中公有制经济的经营性资产规模是 258.39 万亿元，占 53%。（裴长洪：《中国公有制主体地位的量化估算及其发展趋势》，《中国社会科学》2014 年第 1 期）因此，我国到目前为止公有制为主体的地位是巩固的，没有受到动摇。同时，十五大关于公有制主体地位含义的解释，为非公有制经济的发展营造了巨大的空间，坚持公有制为主体不会影响或限制非公有制经济的发展。

为激发各种所有制经济活力和创造力，一是要同等保护各种所有制经济产权，公有制经济财产权不可侵犯，非公有制经济财产权同样不可侵犯；二是要坚持权利平等、机会平等、规则平等，废除对非公有制经济各种形式的不合理规定，消除各种隐性壁垒，制定非公有制企业进入特许经营领域的具体办法，赋予各种所有制经济同等使用各种生产要素的权利；三是要营造公开、公平、公正竞争的市场环境。

第二节 积极发展混合所有制经济是今后
完善基本经济制度的着力点

《决定》对发展混合所有制经济特别重视，并作出重要新论断："混合所有制经济是基本经济制度的重要实现形式。"要求"积极发展混合所有制经济"。发展混合所有制经济，为深化国有企业改革、国有资本战略性调整进一步指明了方向，为非公有资本参与国有企业改革改组、与其他资本平等竞争进一步指明了方向，是今后完善基本经济制度的重要着力点。

改革开放以来，我们党一直在努力寻找公有制和基本经济制度有效的实现形式。1993 年，党的十四届三中全会决定提出：随着产权的流动和重组，财产混合所有的经济单位越来越多，将会形成新的财产所有结构。1997 年，党的十五大报告提出：公有制实现形式可以而且应当多样化。要努力寻找能够极大促进生产力发展的公有制实现形式。股份制是现代企业的一种资本组织形式，有利于所有权和经营权的分离，有利于提高企业和资本的运作效率，资本主义可以用，社会主义也可以用。1999 年，党的十五届四中全会决定指出：国有大中型企业尤其是优势企业，宜于实行股份制的，要通过规范上市、中外合资和企业相互参股等，改为股份制企业，发展混合所有制经济。2002 年，党的十六大报告提出：除极少数必须由国家独资经营的企业外，积极推行股份制，发展混合所有制经济。2003 年，党的十六届三中全会提出：要适应经济市场化不断发展的趋势，进一步增强公有制经济的活力，大力发展国有资本、集体资本和非公有资本等参股的混合所有制经济，实现投资主体多元化，使股份制成为公有制的主要实现形式。这次《决定》对发展混合所有制经济作用和意义的论断，是对我们党以往有关论断的继承和发展，是我国改革发展实践和认识进一步深化的成果。

大力发展混合所有制经济，是我国发展社会主义市场经济中所特有的。西方市场经济国家，有很多合伙制企业和股份制企业，但一般都是建立在私有制基础上的私人合伙和私人入股而不是不同所有制资本的结合。我国出现和发展混合所有制经济，主要源于国有企业改革，源于寻找国有制同市场经济相结合的形式和途径，源于现阶段实行的适合中国国情的公有制为主体多种所有制经济共同发展的基本经济制度。国有企业改革的方向是建立现代企业制度，即现代公司制，而规范的现代公司制是股权多元化的，除了原有的国有资本外，还要吸收其他非国有资本作为战略投资者，公司公开上市还会有大量的民营企业和股民持有公司股票。中国经济改革的实践证明，国有企业进行公司制股份制改革，可以实现国有制同市场经济的有机结合，使国有制找到能有效促进生产力发展的实现形式。中国经济改革的实践还表明，在对原有公有制特别是国有制进行改革的同时，允许体制外非公有制经济发展，是一项非常成功的增量改革。在经济改革的强力推动下，我国经济迅速起飞，30多年来经济增速平均两位数，在这基础上，不仅国有资本成倍大幅度增长，各种民间资本和居民储蓄存款也大量增加。现在，私营企业超过千万户，注册资金达30多万亿元；据国家统计局数据，2012年民间固定资产投资占全社会固定资产投资（37.5万亿元）的比例达到61.3%；1978年，我国居民储蓄余额只有210.6亿元，而到2013年8月，居民储蓄余额已达43万亿元，其中定期存款超过27万亿元。大量民间资本要求拓宽投资渠道，从而为发展混合所有制经济创造了现实条件。

实际上，自20世纪90年代我国实施允许国内民间资本和外资参与国有企业改组改革的政策，国有企业包括金融企业大量上市，大大促进了混合所有制经济的发展。以最赚钱的银行业来说，民间资本占的比重就不低。银监会年报显示，截至2012年底，股份制商业银行总股本中民间资本占比达到45%，而城市商业银行总股本中民间资本占比则超过半数，农村中小金融机构股本中民间资本占比超过90%。到2012年，我国已有2494个境内上市公司，股票市值达23万亿元，占当年国内生产总值的43%，股票有效账户数14046万户。中国上市公司相当大部分是由国有资本参股控股的，它们是典型的混合所有制经济。根据国务院国资委材料，至2012年底，国有控股上市公司 953 家，占我国 A 股上市公司数量的 38.5%，市值 13.71 万亿元，占 A 股上市公司总市值的 51.4%。还有，根据历年《中国税务年鉴》材料，1999 ~ 2011 年，混合所有制经济对全国税收的贡献率是逐年提高的，1999 年占 11.68%、2005 年占 36.57%、2012 年占 47.03%。这反映了混合所有制经济这些年来迅速发展的实况。今后，要允许更多国有经济和其他所有制经济发展成为混合所有制经济。国有资本新投资项目要鼓励非国有资本参股。2013 年 9 月 6 日，国务院常务会议提出，尽快在金融、石油、电力、铁路、电信、资源开发、公用事业等领域向民间资本推出一批符合产业导向、有利于转型升级的项目，形成示范带动效应，并在推进结构改革中发展混合所有制经济。2014 年以来，已有一些国有大型企业表示要吸收民间资本，实行混合所有制经营。例如，3 月初，中石化发布公告称，公司将启动混合所有制改革，公司将对油品销售业务板块进行重组，同时引入社会和民营资本参股，实行混合所有制经营。其中，社会和民营资本持股比例不超过 30%。（《中国经济时报》2014 年 3 月 6 日）又如，中国电力投资集团公司也在 3 月提出，中电投将在 2014 年启动混合所有制改革，将允许民资参股部分中电投旗下子公司和建设项目，民资参股比例将达 1/3。（《经济参考报》2014 年 3 月 13 日）

《决定》提出，允许混合所有制经济实行企业员工持股，形成资本所有者和劳动者利益共同体。鼓励发展非公有资本控股的混合所有制企业。我国房地产行业中混合所有制改革做得较早的绿地集团，从 2000 万元注册资本金起步，20 年后资产规模、年业务经营收入均突破 2000 亿元，实现资产近万倍增长、国有资产增值超千倍。绿地集团虽然是国资控股，但不是一股独大，而是由多家国企分散持股、形成鼎立之势的。他们通过建立多年的绿地集团职工持股会，使劳动者利益与企业利益紧密捆绑，2014 年职工持股会持股员工从 2012 年的 700 多人扩容到 1000 多人，企业第三层以上干部基本包含在内。这样，激励和约束机制在绿地集团自然而然地形成。（《中国经济时报》2014 年 3 月 14 日）

发展混合所有制经济，首先有利于国有资本放大功能，保值增值，提高竞争力。国有资本对自己应承担的公共建设项目，积极引进社会资本一同建设，可以直接放大国有资本功能，还可由于投资主体多元化而改善公司治理，提高效率和竞争力。比如北京市国有首创集团和香港地铁公司共同投资建成的北京市地铁四号线，总投资 150 多亿元，引资 46 亿元，就是一个比较明显的例子。北京市发改委 2013 年 7 月底还发布了关于引进社会资本推动市政基础设施领域建设方案，表示北京市将引进社会资本推动市政基础设施建设，以轨道交通、城市道路、综合交通枢纽、污水处理、固废处置和镇域供热六个领域为试点，拟推出 126 个项目，总投资 3380 亿元，引进社会资本 1300 亿元，其中有不少也是实行共同投资的。这也是在市政基础设施领域建设推进市场化改革的重要事例。统计数字还表明，2010、2011、2012 年，全国规模以上工业企业资产利润率，国有及国有控股企业分别为 4.9%、5.4%、4.6%，股份制企业分别为 6.6%、8.4%、7.6%，说明混合所有制经济效益较高。今后，要适当减持国有股份占比很高的股份公司的国有股，让更多的非国有资本参股，尤其要尽可能吸收新的战略投资者；划转部分国有资本充实社会保障基金，以便更好地应对人口老龄化趋势可能导致的养老基金缺口，社会保障基金也是实力越来越大的国有资本主体，是发展混合所有制经济的重要力量。与此同时，发展混合所有制经济，也有利于各种所有制资本取长补短、相互促进、共同发展。混合所有制经济有利于国有资本和其他民间资本在企业（公司）内部实现同等使用生产要素和公平受益，所以对民间资本也是有利的。

积极发展混合所有制经济，当前要鼓励国有大中型企业积极引进战略投资者，特别是要加快垄断行业改革，放开非自然垄断环节（比如原油进口是不必由国企垄断的），向非公有资本放开，同时还要避免一股独大，避免民间资本进来后没有什么发言权。需要国有控股的，尽可能相对控股，需要绝对控股的，也要像绿地集团那样，由多家国企共同控股，以免一家说了算，真正形成相互制约的法人治理结构。在推进混合所有制改革中，也要防止国有资产流失，关键在于要有规范的资产评估机制，严禁恶意压低国有资产价格，让少数人从中违法渔利。

有专家估算，目前混合所有制经济总体上占我国经济的比重为1/3左右。按1992年以来我国混合所有制经济快速发展的趋势推算，到2020年，我国混合所有制经济总体上占我国经济的比重将达到40%以上，也有可能达到50%。（陈永杰：《混合所有制经济分析》，《第一财经日报》2013年12月27日）可以想象，随着经济发展和改革深化，产权多元、自主经营、治理规范的混合所有制经济，将会有长足的发展，成为社会主义市场经济的重要微观主体。

第三节　国有资产监管要逐步从管国有企业为主向管国有资本为主转变

积极发展混合所有制经济，就要完善国有资产监管体制，国有资产监管机构要从管国有企业为主向管国有资本为主转变。也就是说，国资委今后主要是运作庞大的国有资本，在服务于国家战略目标前提下，不断提高资本运作效率和配置效率。今后进一步调整国有经济的布局和结构，应集中在调整国有资本的布局和结构上面。这样就同积极发展混合所有制经济的思路相吻合。

我国 2003 年以来，按照党的十六大报告的精神，推进国有资产管理体制改革，中央政府和省地两级地方政府均成立了国资委，基本上结束了五龙治水、内部人控制的局面，国有工商企业发展和改革均取得重大进展。今后深化国有资产管理体制改革，最重要的，是要进一步真正落实好国资监管机构只当"老板"不当"婆婆"以及明确国有资产职能定位问题。针对这种情况，《决定》对今后国有资产管理体制改革作出以下部署：以管资本为主加强国有资产监管，改革国有资本授权经营体制，组建若干国有资本运营公司，支持有条件的国有企业改组为国有资本投资公司。国有资本投资运营要服务于国家战略目标，更多投向关系国家安全、国民经济命脉的重要行业和关键领域，重点提供公共服务、发展重要前瞻性产业、保护生态环境、支持科技进步、保障国家安全。

今后，需要很好界定国有资本的职能。总的说，国有资本可以分为公益性和收益性两大类。公益性资本主要投资于提供公共服务和保障领域，包括基础设施、基础产业中普遍服务部分；收益性资本主要投资于重要竞争性产业和技术创新等领域，包括投资于引领科技进步、具有国际竞争力的进入世界 500 强的大型企业和跨国公司。与上述国有资本职能相适应，组建若干国有资本运营公司，分别制定不同类公司对各个企业的出资和投资方式，确定它们的经营目标和考核体系。例如，对公益性资本运营公司，就不能以资本增值作为主要考核指标，而应着重在成本控制、服务质量等方面提出要求。这些，都需要在不断总结实践经验基础上逐步完善。

完善国有资本经营预算制度，是完善国有资产监管体制的重要方面。《决定》要求："提高国有资本收益上缴公共财政比例，二○二○年提高到百分之三十，更多用于保障和改善民生。"我国自1994年起实施国有企业利润留给企业制度，当时国有企业处境比较困难，1997年全国国有企业利润才几百亿元，半数国有企业亏损。所以，当时规定国有企业利润不上缴是可以理解的。此后，国有企业利润大幅度增加，2006年突破1万亿元，2007年达1.62万亿元，其中中央企业利润近万亿元。在这种情况下，继续维持企业利润留给企业显然已不合适。2007年12月，财政部和国务院国资委发文规定，中央企业分3类分别向财政部上缴10%、5%的利润和3年暂不上缴利润。地方国有企业由地方国资委决定利润上缴制度。经过3年试运行，2011年初国务院常务会议决定，从2011年起将5个中央部门（单位）和2个企业集团所属共1631户企业纳入中央国有资本经营预算实施范围，同时适当提高资本收益收取比例。其中，资源类企业由10%提高到15%，一般竞争类企业由5%提高到10%，军工科研类企业收取5%。这几年，不少人认为国有企业利润上缴比例偏低，希望能达到国际上国有企业平均分红比例30%的水平。根据《决定》的精神，3月25日，财政部公布了2014年中央财政预算，其中，2014年中央国有资本预算明确，从 2014 年起，中央企业国有资本收益收取比例在现有基础上再提高 5 个百分点。中央国有资本经营预算的最主要支出用于央企战略性兼并重组、股权结构调整等方面。（《经济参考报》2014 年 3 月 26 日）《决定》还提出，国有企业上缴利润应调入公共财政预算主要用于保障和改善民生，而不要留在国有企业中调剂使用。显而易见，这次三中全会有关决定将对国有资本利润分配产生重大影响。

[延伸阅读]

基本经济制度的确立带来
生产力大解放[①]

把公有制为主体、多种所有制经济共同发展确立为我国社会主义初级阶段的基本经济制度，是我们党对建设社会主义长期实践经验的科学总结，揭示出社会主义初级阶段生产关系的本质特征，既坚持了马克思主义基本原理，又创新发展了马克思主义所有制理论。

新中国成立后，我国确立社会主义制度，为当代中国一切发展进步奠定了根本政治前提和制度基础。但不可否认的是，

---

① 原载《人民日报》2012 年 5 月 28 日

改革开放前，我国在所有制问题上出现了超越阶段的冒进，片面追求"一大二公"，搞"纯而又纯"的公有制。这种超越生产力发展阶段、不适应生产力发展状况的生产关系，导致生产力发展停滞不前，生产效率低下，人民生活困难。1978年，我国国内生产总值仅为3645亿元，农村有2.5亿没有解决温饱的绝对贫困人口，城镇有上千万待业人员。而与此同时，新技术革命在世界范围蓬勃兴起，不少国家处在经济高速增长时期。如果我国生产力不能加速发展，人民生活不能持续改善，社会主义制度的优越性就无从体现。正如邓小平同志所说，"如果现在再不实行改革，我们的现代化事业和社会主义事业就会被葬送。"

改革开放以来，我们党围绕完善社会主义初级阶段的所有制结构，进行了不懈探索。党的十一届三中全会提出，非公有制经济是社会主义经济的必要补充。1993年党的十四届三中全会进一步指出，必须坚持以公有制为主体、多种经济成分共同发展的方针。从20世纪80年代到90年代中期，我们在积极推进公有制经济特别是国有经济改革发展的同时，大力发展个体、私营等非公有制经济，使社会生产力得到解放和发展，促进了国民经济快速增长。1997年，党的十五大科学总结改革开放以来调整所有制结构的成功实践经验，明确提出公有制为主体、多种所有制经济共同发展是我国社会主义初级阶段的基本经济制度。

　　把公有制为主体、多种所有制经济共同发展确立为我国社会主义初级阶段的基本经济制度，是由社会主义的性质和初级阶段的基本国情所决定的。我国是人民当家做主的社会主义国家，必须坚持把公有制作为社会主义经济制度的基础。我国正处于并将长期处于社会主义初级阶段，整体生产力水平比较低，需要在公有制为主体的条件下发展多种所有制经济。实践证明，这一基本经济制度的确立带来了生产力的大解放，出现了公有制经济和非公有制经济蓬勃发展、共同繁荣的景象，使国民经济进一步活跃，经济高速增长，人民收入和生活水平迅速提高。1978~2007年，我国国内生产总值由3645亿元增长到24.95万亿元，年均实际增长9.8%，是同期世界经济增长率的3倍多；全国城镇居民人均可支配收入实际增长6.5倍，农民人均纯收入实际增长6.3倍，农村贫困人口从2.5亿人减少到1400多万人。国有经济不断发展壮大，在关系国民经济命脉的重要行业和关键领域的实力和控制力进一步增强，在国民经济中发挥着主导作用。到2007年，国有工商企业资产总额超过35万亿元，比1997年高1倍多；销售收入达18万亿元，利润总额超过1.6万亿元，上缴税金超过1.5万亿元。城乡集体经济、合作经济也迅速发展。同时，个体、私营等非公有制经济也在快速发展，成为我国重要的经济增长点、提供新就业岗位的主渠道和满足人民不断增长的多样化物质文化需求的生力军。2007年，全国登记个体工商户2741.5万户，私营企业 551.3 万家。城镇非公有制单位就业人员的比例，从 1978 年的 0.2% 增加到 2007 年的 75.7%。

我国社会主义初级阶段基本经济制度随着改革发展而不断完善。2002 年，党的十六大提出，必须毫不动摇地巩固和发展公有制经济，必须毫不动摇地鼓励、支持和引导非公有制经济发展；同时指出，坚持公有制为主体，促进非公有制经济发展，统一于社会主义现代化建设的进程中，不能把两者对立起来。2007 年，党的十七大报告在阐明完善基本经济制度时提出，"坚持平等保护物权，形成各种所有制经济平等竞争、相互促进新格局。"这些重要论述为进一步完善基本经济制度指明了方向：坚持平等保护物权；继续把国有资本集中到能发挥自身优势的重要行业和关键领域，发展多种形式的集体经济、合作经济；发展以股份制为主要形式的混合所有制经济；创造良好环境，加强政策引导，促进各种所有制经济平等竞争、相互促进、共同发展。坚持和完善社会主义初级阶段基本经济制度，对于进一步解放和发展生产力，推动科学发展，促进社会和谐，夺取全面建设小康社会新胜利，开创中国特色社会主义事业新局面，具有十分重要的现实意义和深远的历史意义。

第五章

国有企业改革仍需攻坚克难

改革开放后不久，直到 20 世纪末，国有企业改革一直是中国经济改革的中心环节。国有企业改革也是中国难度最大、争议最多的改革。1993 年国企改革确定以建立现代企业制度为方向后，进展才比较顺利，到现在已取得某些实质性进展。与此同时，也要看到，国企改革离改革目标还有相当距离，仍需攻坚克难。

第一节　国有企业改革已取得重大进展

中国国有企业改革，从 1993 年中央确定以建立现代企业制度为改革方向算起，已 20 多年，改革已取得显著成效，无论是国有经济的布局和结构的战略性调整，还是国有大中型企业的公司制股份制改革，都有相当进展。目前，**90%** 的国有企业完成了公司制股份制改革，中央企业净资产的 **70%** 已在上市公司，中央企业及其子企业引入非公有资本形成的混合所有制企业户数，已占到总户数的52%。截至2012年底，中央企业及其子企业控股的上市公司中，非国有股权的比例已经超过53%。

在改革推动下，国有经济快速发展，国有企业活力和竞争力不断增强，效益提高（见表5-1）。截至2011年底，全国国有企业（不含金融类企业）14.5万户，资产总额85.37万亿元。最新数据显示，截至2013年11月，中国国有企业资产累计约90.6万亿元，是2003年的4.58倍。1998年，国有工商企业净资产为5.03万亿元，而到2013年8月，国有工商企业净资产30.4万亿元，其中国有中央企业净资产总额就达16.1万亿元。2003~2012年，国有及国有控股企业（不含金融类企业）营业收入从10.7万亿元增长到42.38万亿元，年均增长16.6%；净利润从3202万亿元增长到1.61万亿元；上缴税金从8362亿元增长到1.7万亿元。2002~2011年，国务院国资委监管的中央企业营业收入由3.36万亿元增加到20.5万亿元，实现净利润由1622.3亿元增加到9631.1亿元，上缴税金由2926.8亿元增加到1.7万亿元，资产总额由7.13万亿元增加到28万亿元。美国《财富》杂志发布的2011年世界500家最大企业中，中国内地上榜的达70家，其中64家为国有或国有控股企业。国有经济牢牢地控制着国民经济命脉的重要行业和关键领域。至2012年底，国有控股上市公司953家，占我国A股上市公司数量的38.5%，市值13.71万亿元，占A

股上市公司总市值的 51.4%。(以上统计数字参见《〈中共中央关于全面深化改革若干重大问题的决定〉辅导读本》，人民出版社，2013)

表 5 - 1　1998 ~ 2012 年中国国有工商企业改革发展若干指标

指标 ＼ 年份	1998	2003	2007	2010	2012
国有企业户数(万户)	23.8	14.6	11.9		14.5
资产(亿元)			369400		853700
营业收入(亿元)	64685	107000	180000		423800
利润总额(亿元)	800	3202			16100
销售利润率(%)	0.3	3.0	9.0		3.8
上缴税金(亿元)		8362	15700		17000
中央企业数		196	150	121	116
中央企业利润总额(亿元)		3006	9968.5	11315	
中央企业上缴税金(亿元)		3563	8303	14058	

资料来源：《党的十八届三中全会〈决定〉学习辅导百问》，党建出版社、学习出版社，2013；迟福林主编《市场决定》，中国经济出版社，2014。

中国国有企业改革 30 多年积累了丰富的经验，其中最重要的我认为有以下八项。(1) 坚持社会主义市场经济改革方向，使国有企业成为与市场经济相适应的市场主体和法人实体，实现微观经济主体再造。(2) 坚持循序渐进，从放权让利到明确以建立现代企业制度为方向，从明晰产权到国有出资人到位，从倡导推进国有大中型企业进行公司制股份制改革到倡导推进混合所有制改革，注重制度建设和创新。(3) 坚持从总体上搞好国有经济，国有资本集中到关系国家安全和国民经济命脉的重要行业和关键领域，使国有经济在国民经济中发挥主导作用，而不企求把每一个国有企业都搞好。（4）坚持"抓大放中小"，着力搞好作为国有经济支柱的中央企业。（5）坚持推进垄断行业改革，打破各种形式的行政垄断，引入竞争机制，同时加强政府监管和社会监督。（6）坚持建立中央政府和地方政府分别代表国家履行出资人职责，享有所有者权益，权利、义务和责任相统一，管资产和管人、管事相结合的国有资产管理体制，国有资产监管机构由管企业转向以管资本为主，建立和完善国有资本经营预算制度。（7）坚持为国有企业改革创造良好的外部环境，建立健全社会保障体系，推进债务重组，剥离企业办社会负担。（8）坚持把改革的成功经验及时上升为理论和提升为法律，指导改革规范进行。

与此同时，我们也要清醒认识，中国国有企业改革远未到位，离党的十八大提出的完善社会主义市场经济体制、到2020年使各方面制度更加成熟更加定型的要求还有很大差距，还有不少攻坚克难的任务。从现在起到2020年只有7年时间，时不我待，我们要有紧迫感，以更大的政治勇气和智慧，奋力深化国有企业改革。

第二节　推动国有资本投向关系国家安全和国民经济命脉的重要行业和关键领域

推动国有资本投向关系国家安全和国民经济命脉的重要行

业和关键领域，这是十八大报告提出的重要任务。1997 年，党的十五大提出，要着眼于搞好整个国有经济，抓好大的，放活小的，对国有企业实施战略性改组。1999 年，党的十五届四中全会进一步提出，坚持有进有退，有所为有所不为，从战略上调整国有经济布局，放开搞活国有中小企业。按照中央的部署，对国有经济的布局进行调整。1998 年，中国国有工商企业户数为 23.8 万户，而到 2011 年底，已降为 14.47 万户。根据过去的统计数字，中国国有工商企业户数 2003 年已降为 14.6 万户，也就是说，2003 年后的 9 年，国有企业户数基本上没有变化。现在看来，国有企业数量还是太多。国有经济布局也不合理。国有企业大量存在下游竞争性领域。2010 年，在国资委统计的 124455 户国有企业中，基础性行业中的户数占 27.47%，一般生产加工行业中的户数占 20.38%，商贸服务及其他行业的户数占 51.15%，70% 以上的国有企业仍分布在一般生产加工、商贸服务及其他行业，而且绝大多数为中小型企业，不利于发挥国有经济的主导作用和控制力。特别是国有企业涉足房地产行业的太多，且地王频频出自国有企业，哄抬房价，老百姓意见很大。2010 年 3 月 18 日，国务院国资委要求 78 户不以房地产为主业的央企在完成自有土地开发和已实施项目等阶段性工作后必须退出房地产业务。但至今远未落实，原因很简单，就是房地产业利润比较丰厚，国有企业融资成本又低，有很强的竞争力，所以很难割舍。而这又同国有资本职能定位不够清晰有关。在对不同的国有企业要求中，常常提出保值增值、提供公共产品、服务特定目标等很难互相兼顾的职责，其中对保值增值目标较为突出，这就不利于更好发挥国有资本在实现国家战略目标和社会利益最大化中的特殊作用。

国有资本的真实运营效率和回报率低。根据国务院发展研究中心有关专家研究计算，2001～2010年间，全国国有企业净资产收益率平均为5.4%，仅比五年期银行存款平均利率（3.3%）高2.1个百分点。2010年底，124455户国有企业中亏损企业占比约35%。有研究表明，如果扣除了政府补贴和由于行政性垄断所获取的超额利润，2001～2009年间，国有及国有控股企业平均真实净资产收益率为负1.47%。

国有中央工商企业调整改组的进展也不够理想。国务院国资委负责人曾对外宣布，到2010年，国务院国资委履行出资人职责的企业从2003年国资委成立时的196户调整和重组至80～100户。（李荣融：《五年来国有企业改革发展取得重大进展》，《光明日报》2008年3月26日）但是，直至2012年年底，国有中央工商企业仍有116户，户数还是太多。

2013年，《中共中央关于全面深化改革若干重大问题的决定》（以下简称《决定》）提出，国有资本投资运营要服务于国家战略目标，更多投向关系国家安全、国民经济命脉的重要行业和关键领域，重点提供公共服务、发展重要前瞻性战略性产业、保护生态环境、支持科技进步、保障国家安全。还指出，国有资本加大对公益性企业的投入，在提供公共服务方面作出更大贡献。国有资本继续控股经营的自然垄断行业，实行以政企分开、政资分开、特许经营、政府监管为主要内容的改革，根据不同行业特点实行网运分开、放开竞争性业务，推进公共资源配置市场化。这些，都为国有资本如何配置指明了方向。

根据《决定》的精神，今后，要将20世纪90年代提出的从战略上调整国有经济的布局和结构，转变为从战略上调整国有资本的布局和结构，加快推动国有资本更多投向关系国家安全和国民经济命脉的重要行业和关键领域，投向《决定》提出的五个重点，要逐步做到国有资本向五个重点集中，比如争取到2020年，80%的国有资本集中到五个重点，尽快从一般竞争性行业退出。到那时，国有企业热衷于房地产业逐利的状况，将会有较大转变。还要考虑，随着经济的发展，要有越来越多的国有企业成为公益型企业或向公益型企业转变，比如提供重要公共产品和服务的企业，包括公共汽车公司、大城市地铁公司、公立医院和养老院、公立基础研究院所等，以便使国有企业更好地为全国人民实现共同富裕服务。这类公益型企业不以国有资产保值增值为考核指标，而要设计另外一套以提供大众福利多少作为重要考核指标。

第三节　推动国有企业特别是中央
企业完善现代企业制度

从 20 世纪 90 年代中期开始，我国对国有企业推进现代企业制度建设，进行公司制股份制改革，并探索建立和完善各类公司的法人治理结构。这一改革已取得重大进展。目前，地方国有企业绝大部分已实行公司制股份制改革。中央企业改革也有较大进展，中央企业中公司制企业所占比重已达 70% 以上，一批大型国有企业先后在境内外资本市场上市。截至 2011 年底，中央企业资产总额的 52.88%、净资产的 68.05%、营业收入的 59.65% 都在上市公司。还有，2004 年，国务院国资委开始选择宝钢等 7 家国有独资的中央企业进行董事会试点以来，到 2012 年底，已有 51 家中央企业建立了比较规范的董事会，董事会中外部董事占到一半以上，这有助于企业决策层和执行层的分离，改变企业由一把手个人决策的体制。还有，2003 年以来国务院国资委和中组部一起先后拿出 141 个中央企业高管职位面向全球招聘。国资委积极推动中央企业人事制度改革，加大竞争性选拔力度，通过公开招聘、竞争上岗等方式选拔的各级企业经营管理人才从 2004 年的 33 万人增加到 2011 年的 59.5 万人。经过以上改革，国有企业总体上已经同市场经济相融合，并已成为推进国家现代化、保障人民共同利益的重要力量。

今后，必须适应市场化国际化新形势，以规范经营决策、资产保值增值、公平参与竞争、提高企业效率、增强企业活力、承担社会责任为重点，进一步深化国有企业改革。

要加快推动国有企业的公司制股份制改革，主要是继续推动作为国有经济支柱的中央企业的公司制股份制改革和混合所有制改革。目前50多家特大型中央企业，大多数还实行总经理负责制，尚未向公司制转变，有些实行了公司制的也没有引入战略投资者，仍然是国有独资。国务院国资委成立已超过10年，但在推动大型企业公司制股份制改革方面似乎做得不够有力。李克强总理在2014年3月的《政府工作报告》中提出，制定非国有资本参与中央企业投资项目的办法，在金融、石油、电力、铁路、电信、资源开发、公用事业等领域，向非国有资本推出一批投资项目。到4月份，继中石化、中石油、中铁后，国家电网公司也向民间资本开门，基本确定在直流特高压、电动车充换电设施和抽水蓄能电站三个领域推行混合所有制改革。（见《光明日报》2014年4月30日）最近国资委负责人多次提出，要推动具备条件的国有大型企业实现整体上市，不具备整体上市条件的国有大型企业加快股权多元化改革，对有必要保持国有独资的国有大型企业要加快公司制改革，完善公司法人治理结构。这是很有必要的，但一要抓紧，二要落实，不能久拖不决。根据《决定》的精神，今后要着力发展混合所有制经济，吸收社会资本参与公司的发展。已经上市的国有控股公司也要完善治理结构，做到创新驱动发展，着力提高效率和市场竞争力特别是在国际市场竞争力。

要准确界定不同国有企业功能。国有资本加大对公益性企业的投入，在提供公共服务方面作出更大贡献。从长远看，可能有越来越多的国有资本回归其公益性，有越来越多的国有企业成为公益性企业。这样，也可以更好地为政府提供资源，做好居民基本公共服务工作。当然，对这类企业不能以资产保值增值为主要考核指标，而一般应以低成本、高质量服务作为重要考核指标。

要健全协调运转、有效制衡的公司法人治理结构。建立职业经理人制度，更好发挥企业家作用。深化企业内部管理人员能上能下、员工能进能出、收入能增能减的制度改革。当前不少国有企业程度不同地存在管理人员太多、办事效率低下，以及员工只能进不能出，影响劳动生产率的提高，这些弊端都不利于增强国有企业的活力和竞争力。还要建立长效激励约束机制，强化国有企业经营投资责任追究。探索推进国有企业财务预算等重大信息公开。这也是一项重要的改革举措。国有企业属于全民所有，企业的财务预算等重大信息理应向全民公开，接受人民群众的监督检查。对于投资经营决策的失误，应区别情况进行责任追究，不能拍拍屁股一走了事。

国有企业要逐步去行政化。国有企业要合理增加市场化选聘比例,合理确定并严格规范国有企业管理人员薪酬水平、职务待遇、职务消费、业务消费。目前,国有企业管理层的选拔和产生,仍过多依靠传统的体制内组织配置。一份材料显示,在有信息披露的 47 家中央企业中,共有 115 名高层管理人员具有政府工作背景,平均每家企业达到 2.45 人。中国的各类人才市场已经建立并在逐步发展,国有企业的管理人员包括高管人员完全可以到人才市场中公开公平公正选聘,这应是国有企业市场化改革的一项重要内容。

第四节 加快推进垄断行业改革

加快垄断行业改革是深化国有企业改革的攻坚战。垄断行业几乎都是国有企业,主要是国有中央企业。加快垄断行业改革是中国当前突出的热点问题,也是老百姓普遍关心的话题。推进垄断行业改革,能大大提高资源配置和利用效率,提高各项服务水平和质量,是现阶段中国改革红利的重要源泉。

中国推进垄断行业改革,是从 20 世纪 90 年代中后期开始的,1998~2002 年形成过一个小高潮。那时,民航、电信、电力等试行分拆改组等改革。2002 年,党的十六大报告在讲到深化国企改革时,提出"推进垄断行业改革,积极引入竞争机制。"2003 年,党的十六届三中全会《关于完善社会主义市场经济体制若干问题的决定》进一步对垄断行业改革专门写了一条（第九条）："加快推进和完善垄断行业改革。对垄断行业要放宽市场准入，引入竞争机制。有条件的企业要积极推行投资主体多元化。继续推进和完善电信、电力和民航等行业的改革改组。加快推进铁道、邮政和城市公用事业等改革，实行政企分开、政资分开、政事分开。对自然垄断业务要进行有效监管。"但是从那以后，垄断行业改革进展缓慢，铁道部门刚刚实行政企分开和政资分开，引入社会资本参与铁路建设运营等工作也刚刚规划或小范围启动。烟草、盐业等部门至今仍然政企不分。

为什么垄断行业改革 2003 年以后进展缓慢，原因之一是缺乏自上而下的有力推进。改革牵涉到利益调整，会触动垄断部门利益，必然会受到既得利益群体的阻挠和反抗。因此，必须自上而下推动，冲破既得利益群体的阻力才行。但是，2003 年以来，由于各方面几乎全力专注于经济增长，各种改革攻坚包括垄断行业改革难以排上议事日程，除了邮政部门实行政企分开和一些公用事业进行改革外，其他都放下来了，而且一放就近 10 年。

随着科技进步，以输送网络系统的存在为基础的自然垄断性业务正在逐步缩小，原来被视为垄断行业的大量业务逐步变为完全可以引入市场竞争的非自然垄断性业务，这就为垄断行业引入新的厂商和展开竞争创造了条件。一些国家的经验还表明，即使是自然垄断性业务，还可在一定程度上引入竞争。最明显的例子是国际长途电话公司可以租海底电缆开展长话业务，进行竞争。实践证明，一旦引入竞争机制，资源就能优化配置，价格可以降低，服务质量可以提高，消费者可以得到实惠。还有，对自然垄断形成的高收入要通过国家收取特许经营权费、资源税等来调节其过高收入。

为了推进垄断行业改革攻坚，首先需要有顶层设计，这个顶层设计不能由垄断行业自己来做，不能由利益中人来做，而要在中央领导下，由非利益相关者包括有关专家学者，从完善新体制要求出发，吸收各方面智慧科学制定。总体方案一旦制定，就要有自上而下的强力推动，否则无法排除既得利益群体的阻挠和干扰。由于这几年改革进展缓慢，既得利益逐渐固化，要突破既得利益群体设置的种种障碍，已越来越难。所以，如果没有中央的坚强有力的推动，光靠一些部门如国家发改委、国资委推动，估计不容易取得实质性进展。2013 年党的十八届三中全会后，中央成立了全面深化改革领导小组，统筹协调和督促落实《决定》提出的改革举措包括垄断行业改革举措，重新启动改革议程，各方面改革都在蓬勃开展。垄断行业改革也开始动起来了，一些垄断行业如金融、石油、电力、铁路等正在逐步放开竞争性业务，制定非公有制企业进入特许经营领域具体办法，大力发展各种形式的混合所有制经济。

此外，还要进一步破除各种形式的行政垄断，依法打击利用行政垄断追逐本部门或本地区甚至官员私利的行为。2013

年以来，有关部门还依法查处了多起搞价格联盟、价格垄断的案件，加大罚款力度，维护市场秩序和老百姓权益。

第五节 以管资本为主完善国有
资产管理体制

首先，2002年党的十六大明确国有资产管理体制改革原则和方针后，至今已超过10年，但对国有金融资产、自然资源资产、非经营性资产等，还没有明确和建立代表国家履行出资人职责的机构，还是"五龙治水"，"内部人控制"问题严重。2003年成立国务院国资委时，只明确了对工商企业国有资产进行监管，而对其他国有资产则说先放一放，但一放就是10多年。这次十八大报告再次提出，"完善各类国有资产管理体制"，因此建立和完善除工商企业国有资产以外的国有资产的管理体制和制度，必须提上改革议事日程，不能再拖了。要看到，不尽快建立监管制度，极易造成国有资产流失。前几年山西一些煤老板，他们不花钱，通过各种关系开采属于国家的煤矿的，日赚几十万元甚至几百万元，主要是由于对国有自然资源资产监管不到位，使大量国有资产流入私人的口袋。

其次，至今还有相当数量的非金融类经营性资产政企不分、政资不分现象亟待改变。比如，中央政府层面上还有80多个部门对其下属的几千家企业进行直接管理，没有纳入集中统一的国有资产监管体系。与此同时，一些应该由企业自主决策的事项仍然需要政府部门审批。这些问题都应制订改革规划尽快予以改变，不能总是久拖不决。

再次，完善国有资本经营预算制度。国有企业上缴利润要逐步做到主要用于充实社会保障基金，以缓解社会保障基金欠账问题，而不要留在国有企业中调剂使用。2011 年，中央国有资本经营收入总共 800.61 亿元，支出 769.54 亿元，其中 723.6 亿元以各种名目返回给了央企，而调入公共财政预算用于社会保障支出只有 40 亿元，太少了。这次《决定》专门指出：完善国有资本经营预算制度，提高国有资本收益上缴公共财政比例，2020 年提高到 30%，更多用于保障和改善民生。这个改革举措今年就有动作，财政部网站 2014 年 5 月 6 日消息，从 2014 年起，中央企业国有资本收益收取比例在现有基础上提高 5 个百分点。按照通知要求，中央企业按照行业特性分为五类：第一类为烟草行业，上缴标准为税后利润的 25%；第二类包括石油石化、电力、电信、煤炭在内的 14 家资源垄断型企业，上缴比例提高至 20%；第三类为包括中国铝业、中国建材等 69 家一般竞争性领域的企业，上缴比例提高至 15%；第四类为军工、转制科研院所等 34 家企业，上缴比例提高至 10%；此外，中国储备粮管理总公司和中国储备棉管理总公司两家企业免缴红利。收取比例提高后，2014 年预计收取中央企业税后利润 1414.9 亿元，比 2013 年执行数增加 375.43 亿元，增长

36.1%。其中，安排调入公共财政预算 184 亿元，而 2010 年仅为 10 亿元，2013 年为 65 亿元。(《人民日报》2014 年 5 月 7 日)

最后，进一步明确国资委职责。这次《决定》指出，"完善国有资产管理体制，以管资本为主加强国有资产监管，改革国有资本授权经营体制，组建若干国有资本运营公司，支持有条件的国有企业改组为国有资本投资公司。国有资本投资运营要服务于国家战略目标，更多投向关系国家安全、国民经济命脉的重要行业和关键领域，重点提供公共服务、发展重要前瞻性战略性产业、保护生态环境、支持科技进步、保障国家安全。"国资委从管企业向主要管资本转变，意味着国有资产监管体制改进入一个新的阶段。国资委作为出资人代表，如何只当"老板"，不当"婆婆"，不代替公司董事会进行微观经营决策，切实尊重企业法人财产权等，过去一直没有很好落实。今后国资委主要管资本，说明国资委要致力于国有资本的优化配置，积极推动混合所有制改革。国资委还应着重鼓励国有或国有控股企业在转变经济发展方式、实现创新驱动发展、推动科学管理、履行社会责任等方面起带头和示范作用。十六大已明确的国有资产监管机构关于管资产和管人、管事相结合也需落实，至今国务院国资委对 50 多家特大型企业的主要负责人还没有任命权，似乎有待改进。随着经济的发展和改革的深化，国有企业的定位问题也引起广泛的关注，有的专家主张国有企业向公益型转变和发展。现在看来，要让所有国有企业都转变为公益型不太现实，但是有一部分或有越来越多的国有企业要向公益型转变和发展，也许是不可避免的。《决定》也提出，准确界定不同国有企业功能。国有资本加大对公益性企业的投入，在提供公共服务方面作出更大贡献。这个问题值得进一步研究和落实。

《决定》提出今后国有资产监管机构的一项主要职责是，组建国有资本运营公司和成立国有资本投资公司，这对各级国资委来说是新的课题。这两类公司各有何特点和任务，目前还在探索过程中。以下是《决定》辅导读本对这两类公司的解释，值得大家参考。"国有资本运营公司是国家授权经营国有资本的公司制企业，通过划拨现有国有企业股权组建的国有资本运营公司，即以资本营运为主、不投资实业的公司形式，营运的对象是持有的国有资本（股本），包括国有企业的产权和公司制企业中国有股权，运作主要在资本市场，既可以在资本市场融资（发股票），又可以通过股权产权买卖来改善国有资本的分布结构和质量。公司运营强调资金的周转循环、追求资本在运动中增值，运作的形式多种多样，通过资本的运营，实现国有资本保值增值。""国有资本投资公司是国家授权经营国有资本的公司制企业。公司的经营模式，是以投资融资和项目建设为主，通过投资实业拥有股权，通过资产经营和管理实现国有资本保值增值，履行出资人监管职责。"看来，如何组建和逐步完善上述两类公司，有待今后不断积累实践经验，并学习和借鉴国外类似公司的成功案例为我所用。

[延伸阅读]

意义重大的理论创新[①]

社会主义市场经济体制改革目标的确立，实现了改革开放新的历史性突破，打开了我国经济、政治、文化、社会发展的崭新局面。这一重大理论创新，对推进我国改革开放具有根本性、全局性的意义和影响。

改革开放经验的科学总结和理论升华

确立建立社会主义市场经济体制的改革目标，是对 1978 年之后十多年改革开放实践经验的科学总结。改革开放初期，农村实行家庭联产承包责任制，极大解放了农村社会生产力。在城市，扩大企业经营自主权，使企业具有了一定的活力和增产积极性。实行对外开放，利用外资，兴办经济特区。在流通领域，逐步放开小商品、农副产品、工业消费品和生产资料以及各种服务的价格，放到哪里活到哪里，市场呈现一片繁荣景象。所有这些，都显示了市场机制的"魔力"，显示了价值规律对于搞活生产和流通的革命性作用。广大群众切身感受到改革开放带来的实惠，衷心拥护改革、支持改革。1984 年党的

---

① 原载《人民日报》2012 年 5 月 28 日。

十二届三中全会通过《中共中央关于经济体制改革的决定》，首次在党的文件中肯定社会主义经济是公有制基础上的有计划的商品经济，从而有力地促进了商品生产和商品交换的进一步发展。在改革的成功实践推动下，人们的商品意识、市场意识普遍提高。社会主义市场经济体制改革目标的提出，正是对改革开放实践经验的科学总结。

确立建立社会主义市场经济体制的改革目标，是我们党和理论界对怎样建设社会主义认识深化的结果。1979 年在江苏省无锡市举行的价值规律问题讨论会上，一些经济学家就提出社会主义经济也是一种商品经济或市场经济，市场竞争是其内在机制，企业是独立的商品生产者和经营者。1984 年党中央肯定社会主义经济是有计划的商品经济后，一些经济学家又提出社会主义商品经济就是社会主义市场经济或有宏观调控的市场经济。也有一些经济学家怀疑社会主义市场经济的提法。1992 年初，邓小平同志在南方谈话中明确指出，市场经济不等于资本主义，计划和市场都是经济手段。同年 6 月，江泽民同志在中央党校省部级干部进修班上的讲话中表示比较倾向于使用"社会主义市场经济体制"这个提法。同年 10 月，党的十四大确立社会主义市场经济体制改革目标。社会主义市场经济体制改革目标的最终确立，是我们党和理论界对改革开放和建设中国特色社会主义认识深化的结果。

社会主义与市场经济的有机结合

确立建立社会主义市场经济体制的改革目标，意味着我们要在社会主义条件下发展市场经济，即实现社会主义与市场经济相结合。这是马克思主义经典著作中没有提出过的全新课题，是前无古人的创举。

社会主义经济是以公有制为主体的，社会主义与市场经济相结合就意味着公有制与市场经济相结合。以往的市场经济都是建立在私有制基础上的，公有制怎样与市场经济相结合呢？经济改革的实践告诉我们，关键在于找到能够与市场经济相结合的公有制的实现形式。改革开放伊始，各个方面都在努力探寻国有企业改革的路子，先后实行放权让利、利改税、承包制。20 世纪 80 年代中后期，已有一些经济学家主张采取股份制代替普遍实行的承包制，股份制和股份合作制逐渐在各地兴起。1993 年党的十四届三中全会明确国有企业改革的方向是建立现代企业制度。1997 年党的十五大报告提出要努力寻找能够极大促进生产力发展的公有制实现形式，肯定了社会主义也可以采用股份制这一现代企业的资本组织形式。1999 年党的十五届四中全会提出，积极探索公有制的多种有效实现形式。2003 年党的十六届三中全会进一步指出，要使股份制成为公有制的主要实现形式。我国国有企业改革的实践证明，推进公有制企业的公司制股份制改革，可以使公有制企业适应市场经济的发展，成为自主经营、自负盈亏的市场主体和法人实体。因此，将公有制企业特别是国有大中型企业改革为投资主体多元化的现代公司，就可以适应发展市场经济的要求，不仅可以在国内同各种企业展开平等竞争，而且可以走向国际市场参与竞争。可见，通过实行股份制，我国公有制特别是国有企业找到了与市场经济相结合的形式和途径。

社会主义与市场经济相结合，公有制与市场经济相结合，不是简单的外部结合，而是互相渗透的内在结合，是你中有我、我中有你的结合。市场经济发展须适应社会主义共同富裕目标，努力防止私有制市场经济通常会带来的贫富两极分化。以公有制为主体的社会主义基本经济制度、国家宏观调控、注重公平的分配政策和财政政策，能够避免或减少包括贫富两极分化在内的市场经济的种种弊端。另一方面，社会主义公有制须适应市场经济，国有企业等公有制企业要通过公司制股份制改革使自己成为有竞争力的市场主体，在市场发挥基础性作用的经济体制中继续发挥国有经济在国民经济中的主导作用。

社会主义市场经济理论是中国特色社会主义经济理论的核心

社会主义与市场经济相结合的理论，是我们党对发展马克思主义作出的历史性贡献，是重大的理论创新，是中国特色社会主义理论体系的重要支柱，是中国特色社会主义经济理论的核心。

社会主义市场经济理论，是我们党和一批马克思主义经济学家长期探索中国社会主义建设道路的结晶。早在新中国成立初期，党和国家领导人以及一些经济学家就开始探索社会主义建设中计划与市场的关系问题，就曾提出要发挥和重视市场的作用、重视价值规律的作用。1959 年，新中国成立后全国第一次经济理论讨论会曾专门讨论价值规律在社会主义经济中的作用问题。20 世纪 60 年代初期，经济学界讨论社会主义再生产、经济核算、经济效果三大问题，提出财经管理体制的中心问题是作为独立核算单位的企业的权力、责任和它们同国家的关系问题，利润是考核企业经营管理好坏的中心指标等有价值的见解。1978 年实行改革开放后的十来年，经济学界讨论最多的仍然是计划与市场的关系问题、发展商品经济问题、发挥市场调节和价值规律作用问题等。所以，1992 年确立建立社会主义市场经济体制的改革目标，是我们党和社会各方面长期以来特别是改革开放后探索社会主义现代化建设道路水到渠成的结果；社会主义市场经济理论是中国特色社会主义经济理论的核心。

我国改革开放 30 多年经济增长的巨大成就充分证明，在社会主义建设中引入市场机制，建立和完善社会主义市场经济体制，是最适合社会生产力发展要求的。中国作为世界上人口最多的大国，在社会主义条件下成功发展市场经济，为世界经济发展史提供了一个新的范例。社会主义市场经济理论这一重大理论创新，显示出强大生命力和科学性，成为中国特色社会主义理论体系的重要支柱。

第六章

进一步支持非公有制
经济健康发展

支持非公有制经济健康发展，是坚持和完善我国社会主义初级阶段基本经济制度的重要方面。1978 年底实行改革开放后，我们在对传统的计划经济体制进行改革的同时，允许并支持体制外个体和私营等非公有制经济发展，是一项非常成功的增量改革。党的十八届三中全会的《决定》进一步提出了不少支持非公有制经济健康发展的改革举措，我们要很好学习，认真落实。需要说明，本节所论述的非公有制经济，总量上含外资经济，但展开具体论述的则一般只指个体经济和私营经济，不涉及外资经济。

第一节　改革开放后党不断完善对个体
私营等非公有制经济的政策

1978 年底实行改革开放后，党很快就开始调整对个体经济并进而调整对私营经济的政策，改变公有制、国有制一统天下的局面。

　　改革开放前，我国在所有制关系上出现了超越阶段的冒进问题，在城市和农村都搞"一大二公"，非公有制经济一直被视为社会主义的异己力量，受到排斥，稍有露头，就被当作"资本主义尾巴"砍掉。在城市，更是几乎由国有经济一统天下。1978 年，全国城镇仅有十四五万个个体工商业者，其范围被严格限制在修理、服务和手工业等少数几个行业中。改革开放后，人们逐渐认识到，中国的生产力发展水平远未达到可以实现全面公有化、消灭非公有经济的程度。由于中国的经济还比较落后，需要多种所有制经济并存和发展，以便调动各方面力量，走出贫困落后状态。20 世纪 70 年代末 80 年代初，理论界提出了中国社会主义仍处于初级阶段即不发达阶段的观点，产生了重大的社会影响。1981 年，在邓小平主持起草的《关于建国以来党的若干历史问题的决议》中明确提出，"我们的社会主义制度还是处于初级的阶段。"1979 年，著名经济学家薛暮桥针对当时全国城镇待业人员已达 2000 多万人并影响社会安定的实际情况，勇敢地提出发展多种经济成分、广开就业门路的重要建议。提出："在目前，留一点个体经济和资本主义的尾巴，可能利多害少。""我们现在还不可能使资本主义绝种，有一点也没有什么可怕。"（《薛暮桥回忆录》，天津人民出版社，1996）他是在我国改革开放后最早倡导发展非公经济的经济学家。

　　思想的解放导致政策的调整。1982 年，党的十二大指出，"在农村和城市，都要鼓励劳动者个体经济在国家规定的范围内和工商行政管理下适当发展，作为公有制经济的必要的、有益的补充。只有多种经济形式的合理配置和发展，才能繁荣城乡经济，方便人民生活。"同年 12 月，全国人大五届五次会议通过的《中华人民共和国宪法》明确，在法律规定范围内的城乡个体劳动者个体经济，是社会主义公有制经济的补充。个体经济的地位得到国家法律的肯定。对私营经济的肯定比较迟一些。1987 年，党的十三大报告说，"目前全民所有制以外的其他经济成分，不是发展得太多了，而是还很不够。对于城乡合作经济、个体经济和私营经济，都要继续鼓励它们发展。""实践证明，私营经济一定程度的发展，有利于促进生产，活跃市场，扩大就业，更好地满足人民多方面的生活需求，是公有制经济必要的和有益的补充。必须尽快制订有关私营经济的政策和法律，加强对它们的引导、监督和管理。"1988 年 4 月，全国人大七届一次会议通过的宪法修正案，增加了"国家允许私营经济在法律规定范围内存在和发展。私营经济是社会主义公有制经济的补充，国家保护私营经济的合法权利和利益，对私营经济实行引导、监督和管理"的条文，明确了私营经济的法律地位和经济地位。同年 6 月，国务院颁布了《中华人民共和国私营企业暂行条例》。政策的调整推动了个体私营经济的发展。到 1992 年，个体工商户已达 1543 万户，注册资金 601 亿元，从业人员 2468 万人；私营经济从无到有，1992 年全国已有私营企业 14 万户，注册资金 221 亿元，从业人员 232 万人。

1992 年，党的十四大明确社会主义市场经济体制改革目标后，个体、私营经济作为天然的市场主体得到进一步的重视和肯定。1997 年，党的十五大确认"公有制为主体、多种经济成分共同发展，是我国社会主义初级阶段的一项基本经济制度。""非公有制经济是我国社会主义市场经济的重要组成部分。对个体、私营等非公有制经济要继续鼓励、引导，使之健康发展。这对满足人们多样化的需要，增加就业，促进国民经济的发展有重要作用。"从此，个体和私营等非公有制经济作为社会主义市场经济的重要组成部分被纳入基本经济制度中。这意味着鼓励和引导个体和私营等非公经济发展，已不只是一种政策措施，而是一种稳定的制度安排。

此后，国家继续出台政策法规，支持非公经济发展。一是 2005 年 2 月，国务院下发了《关于鼓励支持和引导个体私营等非公有制经济发展的若干意见》（共 36 条），对非公有制经济进入许多重要领域和垄断行业作出了明确的规定，旨在为非公有制经济的发展创造公平竞争的环境。二是 2007 年 3 月，全国人大十届五次会议通过了《物权法》，规定：国家实行社会主义市场经济，保障一切市场主体的平等法律地位和发展权利。国家、集体、私人的物权和其他权利人的物权受法律保护，任何单位和个人不得侵犯。三是 2010 年 5 月，《国务院关于鼓励和引导民间投资健康发展的若干意见》正式发布。意见指出，鼓励和引导民间资本进入法律法规未明确禁止准入的行业和领域，鼓励和引导民间资本进入基础产业和基础设施、市政公用事业和政策性住房建设、社会事业、金融服务、商贸流通、国防科技工业领域，鼓励和引导民间资本重组联合和参与国有企业改革、积极参与国际竞争，推动民营企业加强自主创新和转型升级。四是 2012 年出台《关于进一步鼓励和引导民间资本进入市政公用事业领域的实施意见》，提出要进一步鼓励引导民间资本参与市政公用事业建设等。

以上所有这些，都直接促进了 1992 年以后我国个体、私营等非公经济的加速发展。1993、1994、1995 年，私营经济经营户数增幅均达 50% 以上。由于多年来个体、私营等非公经济的发展快于公有经济包括国有经济的发展，到 2012 年，我国个体、私营等非公经济对 GDP 的贡献率已超过 60%，占全社会固定资产投资的比重也超过 60%，对国家税收的贡献率超过 70%，对就业岗位的贡献率则超过 80%。

2013 年，党的十八届三中全会《决定》对个体、私营等非公有制经济在社会主义市场经济中的地位和作用更加肯定，为它们的发展提供了更为广阔的空间。《决定》第一次明确指出，公有制经济和非公有制经济都是社会主义市场经济的重要组成部分，都是我国经济社会发展的重要基础。公有制经济财产权不可侵犯，非公有制经济财产权同样不可侵犯。在加强监管前提下，允许具备条件的民间资本依法发起设立中小型银行等金融机构。今后，要坚持权利平等、机会平等、规则平等，废除对非公有制经济各种形式的不合理规定，消除各种隐性壁垒，制定非公有制企业进入特许经营领域具体办法。鼓励非公有制企业参与国有企业改革，鼓励发展非公有资本控股的混合所有制企业，鼓励有条件的私营企业建立现代企业制度。同时，推进工商注册制度便利化，削减资质认定项目，由先证后照改为先照后证，把注册资本实缴登记制逐步改为认缴登记制，等等。

《决定》的上述内容是有很强的现实针对性的。一个时期以来，无论是理论界还是经济界，总有人对非公有制经济在社会主义市场经济中的地位和作用估计不足，或者是为了维护既得利益，使许多关于鼓励非公经济发展的政策很难落实，在市场准入方面设置"玻璃门""弹簧门""旋转门"等，限制竞争，在贷款方面的歧视性政策使许多民营企业融资成本很高，在工商登记、税收、土地使用、人才招聘、对外贸易等方面，不能享受与国有企业的同等待遇。总之，要求进一步解决所有制歧视问题。同时，通过积极发展混合所有制经济，逐步淡化企业的所有制色彩。

《决定》出台不久，就取得实效。光是推进工商注册制度便利化一项，就大大激发了市场活力和非公经济活力。2014年第一季度，全国新登记市场主体数量及企业数量增速均创历史新高。全国新登记市场主体数量238.07万户，同比增长42.6%，其中，新登记企业60.97万户，增长52.8%；个体工商户168.97万户，增长37.6%；农民专业合作社8.13万户，增长89.0%。（《人民日报》2014年4月17日）

第二节　改革开放后个体私营等非公有制经济快速发展

改革开放后，在党的一系列方针政策的鼓励和引导下，我国个体、私营等非公有制经济迅速发展起来，1992年确立社会主义市场经济体制改革目标后，发展速度加快。个体、私营等非公经济在支撑经济增长、促进科技创新、扩大就业岗位、增加国家税收等方面，发挥着越来越大的作用（见表6-1、6-2）。

从改革开放后个体和私营经济发展状况可以看出一些值得我们注意的特点。

表 6 - 1　改革开放以来我国个体工商户发展情况

年　　份	户数(万户)	从业人员(万人)	注册资金(亿元)
1978	15	15	
1980		81	
1982	261	320	8
1984	933	1304	100
1986	1211	1846	180
1988	1458	2305	312
1990	1328	2105	397
1992	1534	2468	601
1994	2187	3776	1319
1996	2704	5017	2165
1998	3120	6114	3120
2000	2571	5070	3315
2002	2377	4743	3782
2005	2464	5506	5809
2007	2742	5496	
2010(9 月底)	3407	6892	12700
2012	4059	8000	19800

　　资料来源：张厚义、明立志主编《中国私营企业发展报告 （1978 ~ 1998）》，社会科学出版社，1999；《〈中共中央关于完善社会主义市场经济体制若干问题的决定〉辅导读本》，人民出版社，2003，第 40 ~ 44 页；《十七大报告辅导读本》，人民出版社，2007，第 173 页；《中华工商时报》2009 年 2 月 24 日；《人民日报》2011 年 1 月 1 日；《〈中共中央全面深化改革若干重大问题的决定〉辅导读本》，人民出版社，2013，第 76 页。

表 6 - 2　改革开放以来我国私营经济发展情况

年　　份	户数(万户)	从业人员(万人)	注册资金(亿元)
1989	9	164	84
1991	11	184	123
1993	24	373	681
1995	65	956	2622
1997	96	1349	5140
2000	176	2407	13308
2002	243	3409	24756
2005	430	4714	61475
2007	551	7253	93873
2010(9 月底)	819	9184	177300
2012	1086	12000	310000

　　资料来源：张厚义、明立志主编《中国私营企业发展报告 （1978 ~ 1998）》，社会科学文献出版社，1999；《〈中共中央关于完善社会主义市场经济体制若干问题的决定〉辅导读本》，人民出版社，2003，第 40 ~ 44 页；《十七大报告辅导读本》，人民出版社，2007，第 173 页；《中华工商时报》2009 年 2 月 24 日；《人民日报》2011 年 1 月 1 日；《〈中共中央关于全面深化改革若干重大问题的决定〉辅导读本》，人民出版社，2013，第 76 页。

第一，个体和私营经济在改革开放后发展迅速，其增长速度高于公有制经济和国有经济，这就使个体、私营等非公有制经济对 GDP 的贡献率呈逐步提高的趋势。根据过去的统计资料，1978 年非公有制经济对 GDP 的贡献只占 1%，1993 年上升到占 12.3%，1997 年上升到占 24.2%。而到 2012 年，各方面均公认非公经济对 GDP 的贡献已超过 60%，超过国有经济和公有经济的贡献。这一年，非公经济在全社会固定资产投资中所占比重已超过 60%，提供的税收占全部税收的 73.1%。还有，改革开放以来，我国技术创新的 70%、国内发明专利的 65% 和新产品的 80% 来自中小企业，而中小企业的 95% 以上为民营企业。按专利申请量计算，"十五"期末中小型企业已占 61.4%，远高于大型企业的 18.5%、规模以下企业的 20.1%。2008 年，我国民营科技企业已有约 15 万家，在 53 个国家级高新技术开发区企业中，民营科技企业占 70% 以上。（见黄孟复主编《中国民营经济史·纪事本末》，中华工商联合出版社有限责任公司，2010）总之，个体、私营等非公经济目前已成为我国国民经济中举足轻重的力量。需要说明，外资经济也是非公经济的一支重要力量，比如 2009 年，在经营性社会总资产中，外资企业资产占 25.75%。外资经济是一个专门问题，本章不拟展开论述。

第二，我国个体经济与私营经济的发展轨迹略有差别。个体经济在改革开放初期发展迅速，到 1995 年已超过 2500 万户，之后一直在此上下徘徊至 2006 年，1998 年曾突破 3100 万户，但到 2000 年又回落至 2571 万户。只是到 2006 年以后，个体经济户数才逐年快速增长，2012 年已超过 4000 万户，从业人员达 8000 万人。与此不同，私营经济则从 20 世纪 80 年代末起步，其户数一直在增长，其中 1993 年比上年增长 70.4%，1994 年比上年增长 81.7%，1995 年比上年增长 51.4%，三年同比增幅均超过 50%。2012 年起，其户数已超过 1000 万户。从 2007 年起，私营经济从业人员达 7253 万人，开始超过个体经济从业人员 5496 万人，此后私营经济从业人员一直迅速增加，到 2012 年已超过 1.2 亿人。看来，私营经济已经成为我国民营经济的主要力量。

　　第三，个体工商户主要分布在第三产业并将长期存在和发展。根据 20 世纪末的统计数字，个体经济主要分布在以下几个领域：（1）个体手工业；（2）个体建筑业；（3）个体交通运输业；（4）个体商业；（5）个体饮食业；（6）其他服务业。按当时的统计，从事第三产业的个体工商户占总户数的 84%，从事第二产业的占 12%，从事第一产业的占 4%。（张卓元等著《论中国所有制改革》，江苏人民出版社，2001，第 59～61 页）截至 2011 年底，全国个体工商户在第一产业实有 62 万户，占个体工商户总户数的 1.65%；第二产业实有 305 万户，占 8.12%；第三产业实有 3390 万户，占 90.23%。在中国，在发展社会主义市场经济过程中，个体经济还将长期存在，并且有广阔的发展空间。因为现代化生产在趋向社会化规模化高科技化的同时，也存在分散化、个性化发展趋势。第三次工业革命昭示的更是这种情况。个体经济不仅是生产链条日益延伸的必要配套环节，而且个体经济本身的现代化还会使个体经营带来更高的效率。特别是，随着人们生活水平和质量的提高，许多人的个性化需求更是需要个体经营者来满足的。个体经济还具有某些技术创新的优势，个体经济从本身生存发展出发，技术创新的积极性较高，因此大量技术和产品创新都是由小企业开发的。个体经济又是大批进入劳动年龄者就业创业的重要选项。即使是经济发达的市场经济国家，目前都是有大量的劳动者从事个体经营，而且至今长盛不衰，说明过去关于社会化大生产将会消灭个体经济的设想并没有实践的根据。总之，个体经济将长期存在，并随着我国社会主义市场经济的发展和走向现代化进程继续发展。

第四，私营经济也在发展中转型升级。中国私营经济同个体经济一样将长期存在，已成为越来越多人的共识。存在个体经济，也就存在私营经济，这是经济学的常识。改革开放后，中国私营经济逐步在第二、第三产业都有涉足，现在已成为第二产业主力，并在劳动密集型产业中具有竞争优势。私营企业在规模以上工业行业分布中，2011 年从业人员超过 100 万人的行业有 11 个，主要分布在劳动密集型产业中，其中纺织行业最多，从业人数达 273 万人，其余依次是非金属矿物制品业，通用设备制造业，纺织服装、鞋、帽制造业，电气机械及器材制造业，化学原料及化学制品制造业，农副食品加工业，金属制品业，交通运输设备制造业，塑料制品业，专用设备制造业。私营经济在第三产业各个行业中均有一定规模，主要活跃在批发和零售业以及住宿和餐饮业。截至 2011 年底，批发业中限额以上私营企业近 6 万户，占限额以上注册企业的 87%；年末从业人员近 256 万人，占批发行业限额以上就业总人数的 68%，商品购销金额分别达 18 万亿元和 19 万亿元，占总额的 68% 和 72%。零售业限额以上私营企业有 5 万户，占限额以上注册企业的 88%；年末从业人员近 418 万人，占总人数的 79%；商品购销金额分别达 5 万亿元，分别占总额的 78% 和 77%。在住宿和餐饮行业中，私营企业在限额以上企业户数、从业人员、营业额等方面，均占 70% 左右，占据主导地位。私营经济不仅数量上快速增加，而且正在转型升级，向大型化、社会化、高科技化发展。"十一五"期间，私营经济中迅速成长出一批具有相当生产规模、技术和装备先进、产品具有国际竞争力的现代化企业。在重化工、冶金、汽车、电力、房地产等行业均已出现规模几十亿元、上百亿元的私营企业。其中钢材产量超过 100 万吨的私营企业有十多家，38 家私营企业从事汽车整车生产。2008 年，联想集团作为世界第四大计算机制造商跻身全球 500 强企业。2009 年，根据收入规模，华为跻身全球第二大设备商，并闯入世界 500 强，成为登上世界 500 强的第二家中国民营科技企业。2010 年，民营企业 500 强中有 90 多家进入中国企业 500 强名单。2010 年，浙江吉利控股集团有限公司成功收购北欧最大的汽车企业——沃尔沃汽车公司。私营经济正在孕育越来越多的具有国际竞争力的大企业、大公司。

第五，私营经济发展不均衡，中西部发展潜力大。中国私营经济的区域分布不均衡，中西部地区滞后于东部的发展。以规模以上私营工业企业为例，2009 年中西部私营企业的数量、产值、资产、就业人数都不到东部地区的一半。在2010 年中国民营企业 500 强中，浙江有 180 家，江苏 129家，排在其后的是山东、上海和广东，西部地区只有 38 家。私营企业规模明显小于国有和外资企业，竞争力整体不强。2009 年中国移动净利润 1458 亿元，中国石油净利润 1033 亿元，两者相加已经超过 2010 年民营企业 500 强净利润总和（2179.5 亿元）。规模以上私营工业企业平均资产、产值及主营业务收入不足国有企业的 5%、外资企业的 37%。还有，私营经济整体素质不高，规模小，生产技术不高，产品附加值低，竞争力差，以依附于大型企业的块状经济为主，尚未形成有效的产业集群、自己的品牌和核心竞争力。私营企业一般家族式管理在相当程度上也影响其做强做大。这说明，中国的私营企业的发展潜力很大，特别是中西部地区，发展潜力更大。

第三节　落实《决定》的改革举措，完善
政策，支持非公有制经济健康发展

今后，要认真落实《决定》提出的各项改革举措，完善法规政策，支持个体、私营等非公有制经济健康发展。

第一，要转变观念，提高认识，解决所有制歧视问题。要按照《决定》关于"两个都是"（公有制经济和非公有制经济都是社会主义市场经济的重要组成部分，都是我国经济社会发展的重要基础）、"一个同样"（公有制经济财产权不可侵犯，非公有制经济财产权同样不可侵犯）和积极发展混合所有制经济的精神，不再在各种经济成分中分老大老二、长子次子，一律平等，一视同仁，相互促进，共同发展，解决长期存在的所有制歧视问题。这同坚持公有制的主体地位并不矛盾。改革开放已30多年，个体和私营经济比公有制经济发展快得多，目前对 GDP 的贡献率已经超过 60%，但是并没有动摇公有制的主体地位，公有资产在社会总资产中仍占优势，国有经济继续控制国民经济命脉，并在国民经济中起主导作用。还要看到，经过 30 多年的改革开放，国有经济和国有企业总体上已经同市场经济相融合，2012 年内地进入世界 500 强的 70 个大企业中，国有和国有控股企业就占 64 个，说明国有企业的国际竞争力也在不断增强。有研究表明，中国所有制结构的调整

已开始进入相对稳定的时期，国有经济、公有经济和非公经济对 GDP 的贡献也处于相对稳定的时期，有时公有经济对 GDP 的贡献率也可能是上升的，而不只是下降的。如从 2009 年起，公有经济对 GDP 的贡献率，已由 2009 年的 29.94% 上升到 2012 年的 32.41%，而非公有经济对 GDP 的贡献率则由 70.06% 下降到67.59%。（裴长洪：《中国公有制主体地位的量化估算及其发展趋势》，《中国社会科学》2014 年第 1 期）出现这种情况，当然同这几年政府实行扩张性财政政策，采取大规模的经济刺激措施有关，但毕竟表明非公经济对经济增长的贡献率，并不是一直上升的，而是到了有时也可能下降的阶段。

第二，落实三个平等。《决定》指出，坚持权利平等、机会平等、规则平等，废除对非公有制经济各种形式的不合理规定，消除各种隐性壁垒，制定非公有制企业进入特许经营领域具体办法。落实三个平等，当前最重要的是要允许非公经济进入垄断行业中的非自然垄断环节，这也是 2005 年和 2010 年国务院下发的两个"36 条"的主要内容。我国垄断行业几乎都由国有中央企业控制，其中有许多非自然垄断环节，比如石油行业的进出口业务、加油站，电信行业的增值业务，铁路行业的建设和设备供应业务等，都是非自然垄断环节，完全可以放开这些竞争性业务。即使是自然垄断环节，有的也可以采取拍卖特许经营权的办法，在一定程度上引入竞争机制。所以

《决定》专门指出，要"制定非公有制企业进入特许经营领域具体办法。"事实反复证明，一旦引入竞争机制，就能有效提高服务质量，降低成本和价格，使广大消费者受益。所以，我们一定要冲破利益固化的樊篱，让非公经济进入垄断行业，参与竞争性业务，以优化资源配置，提高效率，同时逼迫国有企业改善经营管理，提高劳动生产率和服务水平。

第三，积极发展混合所有制经济。这是《决定》的一个重要亮点。中国经济经过改革开放后 35 年的发展，已成为世界第二大经济体，无论是国有资本还是非公有资本都在迅速增加，都有很强的实力，积极发展混合所有制经济，组建更多的实力雄厚的混合所有制企业，实现优势互补，完善法人治理结构，正当其时。从 2014 年起，一批垄断行业的大型龙头企业，如中石化、中石油、中电投、国家电网、中铁等，纷纷响应《决定》号召，分别研究和推出许多竞争性业务，主动邀请社会资本参与投资和建设。国有大型企业的混合所有制改革，为非公有资本积极参与国有企业改革和加入混合所有制企业创造了良好的机遇，民间资本有机会在混合所有制企业中与国有资本合作共赢，一荣俱荣，一损俱损。当然，在混合所有制改革中要避免民间资本进入后没有发言权或遭受不平等待遇，避免一个国有股绝对控股即一股独大，也要在对国有资产评估中做到客观公正，避免国有资产流失。《决定》还指出，鼓励发展非公有制控股的混合所有制企业，允许具备条件的民间资本依法发起设立中小型银行等金融机构。这也是重大的政策调整，为非公有资本提供了更为广阔的活动舞台，有利于民营经济的进一步发展。

第四，鼓励有条件的私营企业建立现代企业制度。中国目前的私营企业大多数（占90%）是家族式企业，实行家族管理，中小企业几乎是清一色的家族管理。不能完全否定家族式管理。有些华人控制的世界知名大企业、大公司也是实行家族式管理的，我国香港、台湾地区就有些工商望族。但家族式治理结构也普遍存在不少缺点。首先，家族式管理在用人上一般使用亲人、亲戚和熟人，而不是在企业家市场上寻聘具有现代商业意识和经验的职业经理人从事合乎实际的经营决策和付诸实践。其次，现代公司制均有一套出资人和经营者之间协调运转、相互制衡的治理结构，有较好的纠错机制，而家族式管理则往往老板一人说了算，错误的决策很难纠正过来。所以，私营企业做大、资本实力壮大如达到上亿元、几十亿元以后，应鼓励其建立现代企业制度即实行现代公司制，引入战略投资者和其他投资者，或者在资本市场上市，按《公司法》规范公司各种活动，完善出资人和经营者分开和互相制衡的法人治理结构，让职业经理人执掌和组织公司生产经营活动，更好地参与市场竞争，作出品牌，进一步做强做大。实行企业员工持股也是一种有效选择，进入世界500强的华为公司实行员工持股就取得很好的成效，值得总结推广。

[延伸阅读]

走向 "社会主义市场经济论" *

——纪念社会主义市场经济体制改革目标提出 20 周年

1992 年，党的十四大报告明确提出建立社会主义市场经济体制的改革目标。社会主义市场经济论的提出不是一蹴而就的。中国市场化改革是渐进式的。从计划与市场关系的研究到社会主义市场经济论的确立，经历了一系列中间阶段，中间研究成果浩如烟海。大体说来，第一步是在经济活动中引入市场机制；第二步是确立社会主义商品经济论；第三步才是确立社会主义市场经济论。

第一步：改革开放初期，在经济活动中引入市场机制，尊重价值规律的作用

1978 年 12 月，具有伟大历史意义的党的十一届三中全会开启了改革开放的新时期。全会否定"以阶级斗争为纲"的错误理论和实践，作出了把党和国家的工作中心转移到经济建设上来、实行改革开放的历史性决策。全会公报指出："现在我国经济管理体制的一个严重缺点是权力过于集中，应该有领

---

* 原载《北京日报》2012 年 6 月 4 日。

导地大胆下放，让地方和工农业企业在国家统一计划的指导下有更多的经营管理自主权"，"应该坚决实行按经济规律办事，重视价值规律的作用，注意把思想政治工作和经济手段结合起来，充分调动干部和劳动者的生产积极性"。为了大力恢复和加快发展农业生产，全会建议国务院作出决定，粮食统购价格从1979年夏粮上市的时候起提高20%，超额部分在这个基础上再加价50%，棉花、油料、糖料、畜产品、水产品、林产品等农副产品的收购价格也要分情况，逐步做相应的提高。

1979年4月在江苏省无锡市举行的全国第二次经济理论讨论会，主题是探讨社会主义制度下价值规律的作用。参加讨论会的有300多人，我国最负盛名的经济学家薛暮桥、孙冶方参加了这次会议并作大会发言，与会人员提供的论文上百篇，提出了许多具有深远影响的理论观点，包括：肯定社会主义经济是商品经济或市场经济，肯定社会主义经济中市场调节的作用；在社会主义经济中，价值规律起调节作用，竞争是其内在机制；企业是独立的或相对独立的商品生产者和经营者，主张逐步扩大企业的自主权；改革现有不合理的价格体系和管理体制，逐步缩小工农业产品价格"剪刀差"。

总之，在经济活动中引入市场机制和竞争机制，扩大市场调节作用，按价值规律办事，是这次讨论会的主调，这对中国启动市场化改革起着先导的作用。

在此期间，经济学界对计划与市场关系问题，展开了热烈的讨论，发表了大量很有见地的文章。

首先，提出如何认识和处理计划与市场关系，是经济体制改革的根本问题，是划分体制模式的主要标志。有文章说，"正确认识和处理计划经济和市场调节的关系，是我国经济体制改革的一个根本问题。""比较各种计划—市场模式的得失"，"选择或者设想建立哪一种模式，是关系到经济管理体制改革方向的一个极其重要的问题"。有的经济学家进一步认为，"计划与市场的关系问题，是体制改革的核心问题"，应该"以计划与市场的关系作为划分体制模式的主要标志。"

计划与市场如何结合，经济学界提出了几种主要主张。

(1)"板块结合说"。主张"对于有关国计民生的重要产品，必须实行计划调节，就是说，由国家统一计划生产，统一规定价格，统一进行产品的分配。""对于其他产品，则可以实行市场调节的方式。"

(2)"渗透结合说"。认为"社会主义经济中的计划性和市场性是互相渗透的，你中有我，我中有你。"或者说，"计划调节与市场调节是实现社会主义经济按比例发展的两种形式，它们之间本来是紧密结合，互相渗透，你中有我，我中有你，把它们截然分开以致对立起来是不够妥当的。"

(3)"胶体结合说"。认为计划与市场之间的互相渗透有两种情况："第一种是，国民经济总体分为两个部分（两块），一部分是计划调节，一部分是市场调节，同时每种调节部分都渗透有另一种调节的因素。第二种情况是，整个国民经济不再分为两块，计划机制与市场机制胶合成为一体，在统一的国家计划指导下发挥市场机制的作用。"从发展来看，"最终将形成在统一的国家计划指导下充分利用市场机制，把计划和市场紧密胶合在一起的统一体。"

1979 年以后，改革首先从农村迅速展开。家庭联产承包制的推行，使农民开始得到生产什么、生产多少农副产品的自主权，是农村经济活动引入市场机制的重大举措。家庭联产承包制同调整和放开农产品价格一起，使中国的农业连年丰收，农业生产迅速恢复和发展起来，农民收入大幅度提高。许多经济学家在总结农村改革的成功经验时，都归因于在农村经济活动中尊重农民作为商品生产者的权利。在市场机制作用下，放开哪种农产品的价格，哪种农产品很快就会像泉水般地涌流出来，市场的"魔力"开始显现。

第二步：1984 年确立社会主义商品经济论，这是迈向社会主义市场经济论的决定性步骤

社会主义经济是公有制基础上有计划的商品经济，这一命题作为全党和全国人民统一的认识是在 1984 年 10 月以后确立的。而在我国经济学界，则在 20 世纪 70 年代至 80 年代初，一直有人写文章提出和论证了上述论断，例如有的文章明确提出社会主义经济是计划经济和商品经济的统一，有的文章认为

社会主义经济兼有计划性和市场性，有的文章更直接地把社会主义经济规定为有计划的商品经济等。但是，这种认识有反复。1982年，有的同志发表文章认为社会主义经济具有商品经济属性，遭到一些同志的反对。自那以后，大概有一年的时间，在论坛上主张社会主义经济也是一种商品经济的文章销声匿迹。但是，经济体制改革的实践，冲垮了上述理论框框。1983年以后，社会主义商品经济论，以其更强烈的现实背景、更充分的理论论证，重新登上中国的论坛，吸引着千百万人的注意。1984年10月，党的十二届三中全会，对我国经济界和理论界多年的争论做了总结，以党的决议的形式，肯定了我国社会主义经济是公有制基础上的有计划的商品经济。这就使我们的研究和讨论进入一个崭新的阶段。

需要指出，党的十二届三中全会的《决定》，也有经济学界的一份"功劳"。党的十二届三中全会文件，从1984年6月开始起草，用了一个多月时间提出了一个提纲，但这个提纲没有脱离原来的"计划经济为主，市场调节为辅"的调子，后来，重新调整了文件起草班子。正在这个时候，中国社会科学院院长马洪，受命组织院内的几位专家撰写了《关于社会主义制度下我国商品经济的再探索》的文章，为商品经济翻案。该文提出，在肯定社会主义经济是计划经济时，不要"否定社会主义经济同时也具有商品经济的属性。商品经济的对立物不是计划经济，而是自然经济"，不能把计划经济同商品经济

"对立起来"。文章重新肯定此前被否定的"社会主义经济是有计划商品经济"的提法。马洪院长把这篇文章送给了一些老一辈革命家征求意见，结果文章不但没有招来批评，还得到了王震等同志的称赞，并对文件起草产生了一定影响。党的十二届三中全会《关于经济体制改革的决定》虽然有不够完善的地方，但它毕竟实现了社会主义理论的重大突破。对此，邓小平评价说，它"是马克思主义的基本原理和中国社会主义实践相结合的政治经济学"。

肯定社会主义经济是商品经济，就意味着：（1）社会经济关系的商品货币化，商品生产和商品流通在社会经济活动中占统治地位，各种产品全部或绝大部分转化为商品，卷入商品流通的旋涡。（2）具有独立经济利益的商品生产者和经营者是商品经济的基本要素，他们之间既有交换关系，又有竞争关系，生产与消费、供给与需求在生产发展和技术进步的基础上出现失衡是商品经济运动的必然现象，通过竞争达到暂时的均衡。（3）市场协调是商品经济运行机制的基础特征，价值规律通过市场价格及其变化自发地调节商品生产和商品流通，使有限的经济资源自动地从效率低的行业流向效率高的行业，使资源配置适应市场和社会的需要，实现资源的有效配置。（4）商品市场关系的扩展要求克服民族经济的孤立性和闭塞性，实行对外开放，走向世界市场，开拓世界市场，逐步融入经济全球化进程中。

社会主义商品经济论的确立，为社会主义市场经济论打开了大门。1984 年，社会主义商品经济论确立后，经济体制改革无论是企业改革、价格改革，还是宏观经济管理改革、收入分配制度改革、涉外经济体制改革等均迅速开展起来。1985年，大部分农产品价格放开。1987 年，国家体改委委托中国社会科学院、国务院发展研究中心、北京大学、中共中央党校、中国人民大学、国家计委、上海市等组织课题组，研究和提出今后 8 年（1988～1995 年）我国经济体制改革的中期规划，并汇编成书出版。1988 年，试图价格改革"闯关"。1991年，实行多年的工业生产资料价格双轨制并轨，并为市场单轨制。1984 年起，探索企业改革"两权分离"（即国家所有权和企业经营权分离）的路子。总之，传统的计划经济体制，被商品货币关系冲出一个又一个缺口，市场取向的改革呈不可阻挡之势向前推进。

第三步：1992 年社会主义市场经济论的确立

社会主义商品经济论确立以后，经济学家没有就此停步，而是继续探索。20 世纪 80 年代后半期，经济学家进一步提出，中国的经济改革，应明确是市场取向的改革，是市场化改革。内容包括：企业应成为市场竞争主体，价格改革的目标是建立市场价格体制，建立和发展包括商品市场和要素市场在内的市场体系，宏观经济管理要从直接管理转变为以间接管理为主，实行全方位对外开放，参与国际市场竞争，等等。1986
年，有的文章认为，宏观经济管理的目标模式，主线是国家掌
握市场（即国家主要通过经济手段和市场参数调节供需，实
现对市场的"领导权"），市场引导企业，或者是"国家调控
市场，市场引导企业"。20 世纪 90 年代初，吴敬琏等明确提
出，改革的目标就是建立社会主义市场经济体制，并对新体制
的框架做了比较详尽的论证。

1992 年春，中国改革开放的总设计师邓小平在南方谈话
中，进一步阐发了他对计划和市场问题的看法，他说："计划
多一点还是市场多一点，不是社会主义与资本主义的本质区
别。计划经济不等于社会主义，资本主义也有计划；市场经济
不等于资本主义，社会主义也有市场。计划和市场都是经济手
段。"同年 6 月，江泽民在中央党校省部级干部进修班上的讲
话中表示比较倾向于使用"社会主义市场经济体制"这个提
法。10 月，党的十四大报告把中国经济体制改革的目标模式
确定为建立社会主义市场经济体制，使市场在资源配置中发挥
基础性作用。这标志着对经济改革理论的认识达到一个崭新的
阶段。此后，社会主义市场经济理论随着改革的推进、改革经
验的丰富，日益充实和发展。

需要指出，社会主义市场经济论的确立并不是一帆风顺
的。有的经济学家对市场取向改革表示怀疑或否定，主张从
"市场取向"转为"计划取向"。由于大部分经济学家坚持

"市场取向"改革，也由于 1990～1991 年邓小平几次讲话，明确指出不要以为计划经济就是社会主义，市场经济就是资本主义，计划和市场都是手段，都可以为社会主义服务等，这场理论争论不久就平息下去了。

社会主义市场经济理论还随着中国经济改革的深化而深化。1993 年，党的十四届三中全会《关于建立社会主义市场经济体制若干问题的决定》确定了社会主义市场经济体制的基本框架，包括：坚持以公有制为主体、多种经济成分共同发展的方针，进一步转换国有企业经营机制，建立适应市场经济要求，产权清晰、权责明确、政企分开、管理科学的现代企业制度；建立全国统一开放的市场体系，实现城乡市场紧密结合，国内市场与国际市场相互衔接，促进资源的优化配置；转变政府管理经济的职能，建立以间接手段为主的完善的宏观调控体系，保证国民经济的健康运行；建立以按劳分配为主体，效率优先、兼顾公平的收入分配制度，鼓励一部分地区一部分人先富起来，走共同富裕的道路；建立多层次的社会保障制度，为城乡居民提供同我国国情相适应的社会保障，促进经济发展和社会稳定。必须围绕这些主要环节，建立相应的法律体系。以上就是著名的社会主义市场经济的"五大支柱"。党的十五大提出了从战略上调整国有经济布局的任务，以求从整体上搞好国有经济，明确个体私营等非公有制经济是社会主义市场经济的重要组成部分。党的十六大提出了建立中央政府和地方政府分别代表国家履行出资人职责，享有所有者权益，权利、义务和责任相统一，管资产和管人、管事相结合的国有资产管理体制的任务。党的十六届三中全会提出了完善社会主义市场经济体制的任务，提出股份制是公有制主要实现形式、建立现代产权制度等。党的十七大提出了加快建立国有资本经营预算制度，完善反映市场供求关系、资源稀缺程度和环境损害成本的生产要素和资源价格形成机制，建立全覆盖的社会保障制度，深化政府、财税、金融、农村改革等任务。

与此同时，经济学家对社会主义市场经济理论问题展开了热烈的讨论，发表了大量的论著，社会主义市场经济理论逐步深入人心。现代企业制度理论、公司治理理论、利用外资理论、资本市场理论、公共财政理论、金融创新理论、服务型政府理论、社会保障理论、效率与公平关系理论、法治市场经济理论、公有制与市场经济结合理论、收入分配理论、"三农"研究等，经济学界都有深入研究，其中有些成果具有超前性。

在社会主义市场经济理论创新和党的强力推动下，中国的市场化改革步步深入。举其要者有：1994年分税制改革；20世纪90年代以来国有企业的公司制股份制改革；1992年以后个体私有经济的迅速发展，20世纪末开展的以明晰产权为中心的集体企业改革；2001年加入世界贸易组织；2002年以来的国有资产管理体制改革；2003年以来财政向公共财政转型并要求逐步做到基本公共服务均等化；2005年以来上市公司股权分置改革，中国建设银行、中国银行、中国工商银行先后整体上市；20 世纪末开始的农村综合改革；进入 21 世纪后尤其是以全覆盖为目标的社会保障制度建设；等等。

应当清醒认识到，到现在为止，中国社会主义市场经济体制仍然不够完善，还有不少改革攻坚任务有待完成。举其要者至少有：政企分开、政资分开尚未很好实现；政府职能转变尚未到位；各种所有制经济平等竞争环境尚未很好形成；国有资产管理体制有待健全；垄断行业改革刚刚开始；宏观调控过多地运用行政手段；收入分配关系远未理顺；社会保障体系尚待逐步完善；防范系统性金融风险的机制亟待完善；对外开放有待进一步提高水平和质量；市场经济法制体系远未完备；等等。今后要加大改革力度，力争到 2020 年建立起完善的社会主义市场经济体制。可以预期，随着改革攻坚的深入开展，随着社会主义市场经济体制的逐步完善，社会主义市场经济理论将不断丰富和发展，形成一套完整的理论体系，成为中国特色社会主义理论体系的一个最重要的组成部分，并使马克思主义经济学原理划时代发展。

第七章

加快完善现代市场体系

　　加快完善现代市场体系，是使市场在资源配置中起决定性作用的最重要条件。中国改革开放以来的实践证明，建设结构合理、功能完备、竞争性的现代市场体系，是实现经济运行机制转轨的主要着力点，是社会主义市场经济健康运行的基础。

第一节　建设现代市场体系是使市场在资源
配置中起决定性作用的基础

　　党的十八届三中全会《决定》指出，"建设统一开放、竞争有序的市场体系，是使市场在资源配置中起决定性作用的基础。必须加快形成企业自主经营、公平竞争，消费者自由选择、自主消费，商品和要素自由流动、平等交换的现代市场体系，着力清除市场壁垒，提高资源配置效率和公平性。"

　　根据《决定》的精神，现代市场体系包括三个基本要素。

一是企业是自主经营和公平竞争的，企业自主经营是企业成为企业的根本条件，企业自主经营包括企业自主从事采购原材料与能源和销售产品与服务的活动，公平竞争是社会主义市场经济中市场竞争的核心，只有公平竞争，才能真正做到优胜劣汰，才不至于劣币驱逐良币，市场优化资源配置的基本功能才能很好发挥出来，不会出现资源错配。二是消费者是自由选择、自主消费的，不能对消费者实行强卖，要保护消费者主权和权益，要给消费者予知情权，这只有在市场体系比较发达和出现买方市场条件下才能做到，配给制和凭票供应是与此相悖的。三是商品和要素是自由流动、平等交换的，自由流动就必须打破各种市场壁垒，不能为商品和要素的流动设置各种各样人为的障碍，平等交换最重要的是等价交换，价格是在市场竞争中由买卖双方讨价还价形成的，而不是由政府制定的，也不能是由行业垄断者确定的。必须同时具备以上三个基本要素，才称得上是统一开放、竞争有序的现代市场体系，而不是碎片式的、无序的、非竞争性的市场体系。只有真正形成现代市场体系，才能使市场在资源配置中发挥好决定性作用，提高资源配置的效率和公平性。

现代市场体系是逐步形成的，是各种各类市场发育、成熟的结果。我国在 1978 年改革开放前，由于实行计划经济体制，排斥市场机制和价值规律的作用，因此只存在一个残缺不全的消费品市场和集市贸易市场，价格以政府定价为主。改革开放后，随着市场取向改革的逐步展开和深化，商品化、货币化、市场化进程的不断发展，先是农副产品市场和消费品市场发展起来，20世纪90年代中后期逐步形成买方市场格局，取消了各种各样的票证和配给制。接着工业生产资料市场也逐渐兴起，特别是20世纪90年代初实现了工业生产资料价格双轨制向市场价单轨制过渡后，工业生产资料市场全面发展。在各种物质产品和服务市场大发展不久，生产要素包括土地、劳动力、技术、资金等市场也开始建立和发展。1990年12月1日，深圳证券交易所开始试营业；同年12月19日，上海证券交易所也正式开张营业。这标志着中国资本市场开始建立。整个金融市场体系逐步建立并迅速发展。技术市场、劳动力市场发展也很快，土地市场由于国家垄断一级市场，各地政府征收农民建设用地不规范，市场化程度不高。总的来看，到现在为止，中国的现代市场体系已初步建立起来。中国已成为世界上最大的一个市场。2012年，社会商品零售总额达210307亿元，货物进出口总额38668亿美元，技术市场成交额6437亿元，股票成交金额314667亿元，债券成交额403427亿元，期货总成交额1711269亿元，商品房销售额64456亿元，等等。

我国现代市场体系虽已初步建立，但还不完善，还存在许多体制性弊端有待今后努力克服。下一节我们将专门讨论这个问题。还要看到，即使现代市场体系较好形成后，仍然需要随着市场经济活动的扩大和深化而不断完善。因此，现代市场体系建设只有进行时，没有完成时。2008 年国际金融危机表明，尽管人们普遍认为西方发达的市场经济国家具有现代市场体系包括金融市场体系，但其仍然存在许多缺陷和监管漏洞，需要不断修补和完善。

现代市场体系建设离不开发挥政府的作用。政府不只是要培育和建设各类市场，更主要的是政府要制定公平合理的市场规则，营造公开公平公正的市场竞争环境，维护市场秩序。政府不能只当"守夜人"，还应充当维护良好的市场经济秩序的立法者、监督者、执法者。政府也要在市场上购买商品和服务，但政府只是作为消费者平等参与市场经济活动的，不能滥用行政手段干预市场经济活动，妨碍公平竞争。政府的主要职责是充当市场的裁判员，对市场经济活动进行监管，不能既当裁判员又当运动员参与市场竞争，影响和破坏公平的市场竞争。

总之，社会经济活动的商品化、货币化、市场化的不断发展，各种各类市场不断发育和成熟，政府因势利导，既积极培育和发展各种各类市场，又建立和完善公平开放透明促进市场公平竞争的规则，依法加强对市场经济活动的监管，维护公平竞争的市场环境和秩序，使现代市场体系逐步建立起来。这样的现代市场体系，是使市场在资源配置中起决定性作用的基础，也是发挥市场优化资源配置功能的必要条件。

第二节　加快完善现代市场体系
需要解决的几个问题

依据《决定》的精神，今后加快完善现代市场体系，要着力解决好以下几个问题。

第一，在制定负面清单基础上，实行统一的市场准入制度。《决定》指出，"实行统一的市场准入制度，在制定负面清单基础上，各类市场主体可依法平等进入清单之外领域。探索对外商投资实行准入前国民待遇加负面清单的管理模式。"一直以来，我国在市场准入方面实行的是正面清单制度，即把允许进入的项目列在清单上面，清单上没有列出的，都不允许进入。即使进入清单内的，也要报请各有关政府部门审批，形成审批长征路，费时费力费财，腐败蔓延。实行正面清单制度，特别不利于民间资本进入金融、石油、电力、铁路、电信、资源开发、公用事业等领域，不利于垄断行业放开非自然垄断环节的竞争性业务。国务院 2005 年和 2010 年两次发布关于鼓励支持和引导个体私营等非公有制经济发展的若干意见即两个"36 条"，一直很难落实，重要原因，就是在实行正面清单制度下，想要鼓励民间资本进入垄断行业或公用事业领域，最后还是要这些部门同意认可才行。而这样做会损害这些垄断部门的既得利益，导致其设置各种障碍，设置"玻璃门"，看得见但进不去。现在提出实行负面清单制度，也就是非禁即入，实行统一的市场准入制度，你总不能把竞争性业务都列在负面清单上吧，这对打破各种各样的行政垄断，放开垄断部门的竞争性业务，真正扩大民间资本的进入范围，具有决定性作用。实行负面清单制度，是市场经济国家的通行做法，可以提高市场经济活动的透明度和法治化水平，较好解决对非公经济的歧视性问题，对营造公平竞争市场环境至为重要。中国（上海）自由贸易区已于 2013 年 9 月 29 日正式挂牌。当天，以 190 条管理措施构成的 2013 年版负面清单对外公布。这是中国首个负面清单，拉开了中国转向负面清单管理的序幕。

与此同时，要对外商投资实行准入前国民待遇。投资领域的国民待遇是指东道国给予外国投资者及其投资不低于给予本国投资者及其投资的民事权利待遇。准入前国民待遇是指将国民待遇延伸至投资准入阶段，即在企业设立、取得、扩大等阶段给予外国投资者及其投资不低于本国投资者及其投资的待遇。显然，这将有利于更好地吸引外商投资。

第二，改革市场监管体系，实行统一的市场监管。市场监管主要指对市场主体行为是否合规进行监管，以维护良好的市场秩序和公平竞争的环境。《决定》指出，"清理和废除妨碍全国统一市场和公平竞争的各种规定和做法，严禁和惩处各类违法实行优惠政策行为，反对地方保护，反对垄断和不正当竞争。建立健全社会征信体系，褒扬诚信，惩戒失信。健全优胜劣汰市场化退出机制，完善企业破产制度。"一个时期以来，一些地方为了追求本地区 GDP 增速最大化，违规对本地企业实行优惠地价和税收政策，甚至对高耗能行业实行优惠电价，对高污染企业挂牌保护放任其破坏环境和生态，强制消费者购买本地产品，对销往外地原材料硬性规定高于本地区内销售的价格即搞价格歧视，形成地区之间的恶性竞争。这种情况，严重影响了全国统一市场的建立和完善，也不利于资源的优化配置，甚至加重产能过剩。此外，有的垄断行业不愿意放开非自然垄断性业务，极力维护高价高收费而服务质量又不高，有些企业搞价格同盟，合谋串通涨价，搞不正当竞争，这些，实际是维护本部门本企业的利益。垄断扼杀竞争和创新，麻痹市场对资源配置起决定性作用，从而损害资源配置效率的提高。此外，企业的诚信度不高，失信成本太低，假冒伪劣品充斥市场、毁约违约问题屡禁不止，使中国的商业环境不够好，也不利于现代市场体系的建设。以上这些都说明，当前需要加强统一的市场监管，对各个市场主体的行为进行规范，为使市场在资源配置中起决定性作用创造良好的条件。

《决定》针对当前一部分市场主体行为不够规范的问题，还作出了一些具体规定。比如针对一些地方擅自出台税收优惠政策问题，提出，"按照统一税制、公平税负、促进公平竞争的原则，加强对税收优惠特别是区域税收优惠政策的规范管理。税收优惠政策统一由专门税收法律法规规定，清理规范税收优惠政策。"针对垄断问题，《决定》提出，"国有资本继续控股经营的自然垄断行业，实行以政企分开、政资分开、特许经营、政府监管为主要内容的改革，根据不同行业特点实行网运分开、放开竞争性业务，推动公共资源配置市场化。进一步破除各种形式的行政垄断。"还提出，"建立全社会房产、信用等基础数据统一平台，推进部门信息共享"等。

第三，推进工商注册制度便利化。《决定》提出，"推进工商注册制度便利化，削减资质认定项目，由先证后照改为先照后证，把注册资本实缴制逐步改为认缴登记制。"国务院和有关部门迅速落实这一改革举措，并收到立竿见影的效果，大大激发了市场活力和创业积极性。2014 年第一季度，全国新登记市场主体总量 238.07 万户，同比增长 42.6%。其中，新登记企业 60.97 万户，增长 52.8%；个体工商户 168.97 万户，增长 37.6%；农民专业合作社 8.13 万户，增长 89%。(《人民日报》2014 年 4 月 17 日) 2014 年 4 月份，新增市场主体超过 120 万个。新登记注册企业 36.72 万户，环比增长 18.6%，其中私营企业 34.8 万户，占 4 月新登记注册企业总数的 94.8%。个体工商户新登记注册 79.85 万户，农民专业合作社新登记注册 3.65 万户。4 月新登记注册企业主要集中在第三产业，占新登记注册企业总数的 77.14%，这有利于改善经济结构。(《人民日报》2014 年 5 月 12 日)

第三节　重点推进资源产品价格市场化改革
完善主要由市场决定价格的机制

这也是加快完善现代市场体系的重大改革项目，因为涉及内容比较多，所以单列一节进行阐述。

《决定》指出，"完善主要由市场决定价格的机制。凡是能由市场形成价格的都交给市场，政府不进行不当干预。推进水、石油、天然气、电力、交通、电信等领域价格改革，放开竞争性环节价格。政府定价范围主要限定在重要公用事业、公益性服务、网络型自然垄断环节，提高透明度，接受社会监督。完善农产品价格形成机制，注重发挥市场形成价格作用。"

价格由市场竞争形成，而不是由政府制定，是加快完善现代市场体系的最重要环节，是使市场在资源配置中起决定性作用的根本前提。价格是最重要、最灵敏的市场信号。只有在市场竞争中形成的价格，才能真实反映市场供求关系、资源稀缺程度、环境和生态损害成本，这样的价格信号，才能引导资源向能获得较高效益的部门或行业流动，从而优化资源配置。如果价格信号失真，必然造成资源错配，带来效率损失。早在20世纪80年代，世界银行《1983年世界发展报告》曾分析了价格偏差（或扭曲）同经济增长的关系，用统计数据表明价格结构比较合理的国家，其经济增长率较高。该报告搜集了

31 个发展中国家的资料，这些国家代表除中国以外的发展中国家的 75% 以上的人口，集中分析了外汇、资本、劳动力和基础设施，特别是电力方面的价格偏差，然后作出了以下的估计：价格偏差较高（属于最高的 1/3）的国家的经济增长率比平均数（每年约增长 5%）约低 2 个百分点，价格偏差低（属于最低的 1/3）的国家比平均数约高 2 个百分点。报告还指出，经济增长率差别的原因，需要考虑其他许多因素，但是价格偏差能对经济增长情况的差别说明大约 1/3 的问题。（世界银行：《1983 年世界发展报告》，中文版第 63 页）这说明，理顺价格关系，形成合理的价格结构，纠正价格扭曲，对于提高资源配置效率，促进经济增长，是至关紧要的。

改革开放以来，中国一直在推进市场化价格改革，并且取得明显的成效。20 世纪八九十年代逐步放开农副产品和工业品价格，使商品市场迅速活跃起来和繁荣起来，上百种票证相继被取消，到 90 年代中后期终于出现了人们盼望已久的买方市场格局，中国人也可以同发达国家的消费者一样到大型超市选购琳琅满目的商品了。到 2008 年，社会商品零售总额、农副产品收购总额、工业生产资料销售总额中，市场调节价的比重均已占 95% 以上，各种服务价格也已大部分放开，说明我国绝大部分商品和服务价格已实现了市场化。

当前我国价格领域改革存在的主要问题是一些重要资源产品价格仍然由政府管制，价格总体偏低，有的服务业收费尚未放开，农村集体经营性建设用地还不能与国有土地同等入市、同权同价等。因此，推进资源产品价格市场化改革，应是我国今后价格改革的重点。这对推动我国经济转型和发展方式转变，也是非常必要的。

我国粗放型经济发展方式之所以一直难以改变，重要原因，是我国许多重要资源产品价格由政府管制，严重偏低，鼓励对它们的滥用浪费，而且污染环境破坏生态也不必付费，使各地热衷于发展高耗能、高污染的重化工业，造成产能过剩且压不下来。我国是淡水资源最短缺的国家，人均淡水资源占有量仅为世界平均水平的 1/4，600 多个城市中有 400 多个缺水，其中 110 个严重缺水，北京市就是严重缺水的一个，但是我国长期实行低水价政策，亏损由财政补贴，鼓励对水的滥用和浪费，地下水严重超采。北京市用水经过多次提价后，包括 2014 年 5 月实行阶梯水价后，基础价仍然低于成本。一些城市由于污水处理费收费标准偏低，不能很好地充分利用设备，放任水质污染。这说明水价改革仍然没有到位，仍需下决心进一步推进市场化改革，使水价能真正反映资源的稀缺程度，用价格杠杆推进节约用水。我国能源价格也是长期偏低，导致过度使用，2003、2004 年能源消费弹性系数居然超过 1，达到 1.53 和 1.6 的惊人高度，使我国成为世界上能源消耗最多的国家。在能源消费中，煤炭的比例又特别高，占 70% 左右，严重污染环境和空气，使我国成为世界上雾霾最严重的大国。

这几年经过几轮能源价格改革，能源价格严重偏低的状况有所改观，比如成品油价格目前已与国际市场原油价格接轨，2013年 3 月还将调价周期由原来的 22 个工作日缩短至 10 个工作日，与一些国家和地区差不多。电力价格市场化改革也在逐步推进，但尚未到位。要逐步建立发电售电价格主要由市场决定、输配电价格实行政府定价的机制。目前天然气价格还是偏低，供应也很紧张，今后要落实天然气价格与可替代能源价格挂钩的动态调整机制，提高天然气价格的市场化程度。我国在制订"十一五"规划时，世界银行曾向我国提供报告强调节能首先要调整过低的能源价格。他们曾对 2500 家公司做过研究，发现能源使用量的降低 55% 归功于价格调整的结果，17% 是研究与开发的结果，12% 则源于所有制形式的不同，其余则归结为工业所占份额的变化。（世界银行：《中国"十一五"规划的政策》，2004 年 12 月，第 70 页）所以，为加快转变经济发展方式，要下决心加快推进水、石油、天然气、电力等资源产品的价格改革，改变过去价格长期偏低的状况，用价格杠杆逼迫生产和经营单位努力节约能源资源，降低消耗，减少排放。当前，我国物价上涨率比较低，估计年上涨率低于3%，正是推进资源产品市场化价格改革的大好时机，要抓住这一良机，出台改革措施，不要像 2005、2006 年那样坐失价格改革的良好机遇（那两年 CPI 上涨率只有 1.8% 和 1.5%，当时有关方面和理论界建议推进资源产品市场化价格改革，可惜未被采纳）。在提高资源产品价格的同时，对居民用水、天然气、电等可实行阶梯价格，保障居民基本消费需求，同时可对低收入群体予价格补贴。

还要推进其他垄断行业的价格改革，如交通、电信等收费改革，总的原则是放开非自然垄断环节的竞争性业务与价格，加强社会监督。这一改革要求最近已有回应。工业和信息化部、国家发展改革委 2014 年 5 月 9 日联合公告，自 5 月 10 日起，所有电信业务资费均实行市场调节价，电信企业可以根据市场情况和用户需求制定电信业务资费方案，自主确定具体资费结构、资费标准及计费方式。（《广州日报》2014 年 5 月 10 日）人们普遍认为，放开电信业务资费，破除垄断，引入竞争机制以后，电信资费将会下降，改变我国电信资费显著高于国外的不合理状态，同时有望提高服务质量。

反对价格垄断也是保证市场公平竞争的重要因素。1998 年实施的《价格法》就包含了反对价格垄断的条款。2008 年颁布实施的《反垄断法》提出，"本法规定的垄断行为包括：（一）经营者达成垄断协议；（二）经营者滥用市场支配地位；（三）具有或者可能具有排除、限制竞争效果的经营者集中。"此后主要是对违反《价格法》和《反垄断法》的价格垄断进行处罚。首张反垄断罚单是 2011 年 11 月对山东省两家生产药品企业开出的。此前，2011 年 5 月 6 日，国家发改委宣布联合利华发表日化产品涨价言论，增强了消费者涨价预期，引发部分城市发生日化产品抢购，严重扰乱了市场秩序，构成"散布涨价信息，扰乱市场价格秩序。"上海市物价局根据《价格法》的规定对其处于 200 万元罚款，联合利华对此表示尊重。2013 年反垄断行为主要涵盖液晶面板、白酒、汽车、奶粉、包装、黄金首饰等行业，执法单位主要是国家发改委价格监督司等单位。这对维护公平竞争和市场秩序发挥了很好的作用。目前在理论界，有专家对《反垄断法》没有反对行政垄断的内容有意见。看来，将来有机会修订《反垄断法》时，需要把这次三中全会《决定》关于"进一步破除各种形式的行政垄断"的改革举措补充进去，使这部重要的法律更加完善。

《决定》对政府定价范围作了严格的规定，指出应主要限定在重要公用事业、公益性服务、网络型自然垄断环节，除此以外，都要放开由市场调节。政府定价部分，也要提高透明度，接受社会监督。重要公共服务价格等变动，应举行价格调整听证会，广泛听取社会各界意见，提高政府定价的科学民主决策水平。要公开价格政务信息，向社会公开政府定价目录、程序、根据、成本及其变动等，使老百姓有必要的知情权。

第四节 完善金融市场体系，建立
城乡统一的建设用地市场

要加快完善现代市场体系，还要完善金融市场体系，建立城乡统一的建设用地市场，深化科技体制改革等。

首先要完善金融市场体系。《决定》在这方面需要我们特别重视的有以下几点。一是允许民间资本发起设立中小型银行等金融机构。《决定》首次提出，在加强监管前提下，允许具备条件的民间资本依法发起设立中小型银行等金融机构。过去，尽管民间资本在股份制银行、城市商业银行、农村中小金融机构股本中占有很高比例，但是不允许民间资本作为中小型银行的发起者，一些民营企业家对此也有意见。这次提出开禁后，有关部门立即行动，银监会于 2014 年 3 月确定首批 5 家民营银行试点，实行共同发起人制度，即每家要求不少于两个发起人。（《人民日报》2014 年 3 月 11 日）可以想象，随着中小银行的发展，将改善为中小型实体经济企业提供服务，也将有力推动利率市场化和建立银行存款保险制度的进程，从而推动金融改革的深化。

二是要求加快人民币利率和汇率市场化进程，加快实现人民币资本项目可兑换。《决定》指出，"完善人民币汇率市场化形成机制，加快推进利率市场化，健全反映市场供求关系的国债收益率曲线。推动资本市场双向开放，有序提高跨境资本和金融交易可兑换程度，建立健全宏观审慎管理框架下的外债和资本流动管理体系，加快实现人民币资本项目可兑换。"所谓国债收益率曲线，按照《决定》辅导读本的解释，是指用来描述各个期限国债的到期收益率。国债市场的深度、流动性等越高，编制出的收益率曲线越可靠。由于国债的主权信用特征，国债收益率曲线在经济金融运行中具有独特的基准性和指标性功能，往往被作为基准利率曲线，向全社会提供期限较为完整的无风险利率信息。这包括：一是为国债和信用债券的发行和交易提供定价基准，例如，信用债券的定价可参考同期限国债收益率加上相应的信用风险溢价来确定。二是为远期、期货等衍生金融产品提供定价参考，同时也为商业银行等金融机构的资产定价、市场风险管理、会计计量等提供定价参考。三是为宏观经济管理提供参考信息。国内外研究均表明，国债收益率曲线的形状变化、整体利率水平的高低等与经济运行情况密切相关，能较为迅速准确地反映市场预期，因此已成为宏观经济管理的重要参考指标。（《〈中共中央关于全面深化改革若干重大问题的决定〉辅导读本》，人民出版社，2013，第346页）因此，大力发展国债市场，对于健全反映市场供求关系的国债收益率曲线、推进人民币利率市场化有重要意义。

三是建立存款保险制度，完善金融机构市场化退出机制。存款保险是国家为保护存款人的利益和维护金融稳定，通过立法建立的，在投保机构出现倒闭、破产等规定情形时，由存款保险基金管理机构依法使用存款保险基金向存款人偿付被保险存款、处置问题金融机构的一种制度安排。一般由投保金融机构向存款保险基金管理机构缴纳保险费，存款保险基金管理机构依法采取必要的预防和处置措施维护存款保险基金安全。存款保险制度是一项十分重要的保险制度。我国居民的银行储蓄存款已达约 50 万亿元，数额巨大，过去都是靠国家信用担保，随着中小银行等金融机构的快速增加，包括民营金融机构的增加，再全靠国家信用担保已不合时宜，建立存款保险机构势在必行。我们看到 2008 年国际金融危机爆发后，欧美等国不少银行倒闭，但是总的说来没有出现大量储户到银行挤兑或闹事，保持了社会的稳定，重要原因，就是建立了存款保险制度。建立存款保险制度，还有利于完善金融机构市场化退出机制，有利于金融市场的健康运行。

其次，建立城乡统一的建设用地市场。《决定》指出，"在符合规划和用途管制前提下，允许农村集体经营性建设用地出让、租赁、入股，实行与国有土地同等入市、同权同价。缩小征地范围，规范征地程序，完善对被征地农民合理、规范、多元保障机制。扩大国有土地有偿使用范围，减少非公益性用地划拨。建立兼顾国家、集体、个人的土地增值收益分配机制，合理提高个人收益。完善土地租赁、转让、抵押二级市场。"土地是最重要的生产要素，也是农民最主要的财产。过去我们对农民的土地产权不够尊重，许多地方政府都通过侵犯农民的土地产权，获取收入，形成扭曲的土地财政。建立城乡统一的建设用地市场，关键是允许农村经营性建设用地出让、租赁、入股，实行与国有土地同等入市、同权同价。建立城乡统一的建设用地市场，有利于盘活农村集体建设用地，提高土地利用效率，增加农民和农村集体经济组织收入，缩小城乡经济发展差距和居民收入差距。现有的一些法律法规要按照《决定》的上述精神进行完善、修订，以便使改革有法可依，规范推进，使土地这一重要的要素市场走上健康发展的轨道，更好地发挥市场对优化土地资源配置的作用。

再次，深化科技体制改革。中国要实现经济转型和产业升级，最后还是要靠技术进步和创新，改变技术对外依存度过高的状况，加快创新型国家建设。《决定》指出，"建立健全鼓励原始创新、集成创新、引进消化吸收再创新的体制机制，健全技术创新市场导向机制，发挥市场对技术研发方向、路线选择、要素价格、各类创新要素配置的导向作用。建立产学研协同创新机制，强化企业在技术创新中的主体地位，发挥大型企业创新骨干作用，激发中小企业创新活力，推进应用型技术研发机构市场化、企业化改革，建设国家创新体系。"

为了改变我国技术创新项目和经费分配过度行政化，在支持创新技术和产品开拓市场、培育商业模式方面的政策不够有力，《决定》指出，"打破行政主导和部门分割，建立主要由市场决定技术创新项目和经费分配、评价成果的机制。发展技术市场，健全技术转移机制，改善科技型中小企业融资条件，完善风险投资机制，创新商业模式，促进科技成果资本化、产业化。"

为了更好地推进科技创新和技术进步，《决定》还提出，加强知识产权运用和保护，健全技术创新激励机制，探索建立知识产权法院。国家重大科研基础设施依照规定应该开放的一律对社会开放。建立创新调查制度和创新报告制度，构建公开透明的国家科研资源管理和项目评价机制。改革院士遴选和管理体制，优化学科布局，提高中青年人才比例，实行院士退休和退出制度，等等。

[延伸阅读1]

社会主义市场经济论：中国改革开放的主要理论支柱①

自1978年党的十一届三中全会作出改革开放重大决策以来，我国经济迅速发展，人民生活水平大幅度提高，国家实力不断增强，并在全球经济中日益发挥着举足轻重的作用。30年来之所以能够取得令世人瞩目的辉煌成就，主要是坚持了市场取向改革，为国民经济不断注入新的活力。而社会主义市场经济理论，则是这一成功改革的主要理论支柱。

一 "三大改造"基本完成以来特别是改革开放以来探索计划与市场关系的科学结晶

在社会主义建设过程中，如何认识和处理计划与市场的关

---

① 原载《光明日报》2008年12月7日。

系，一直是党和国家领导人艰辛探索和研究的问题，也是我国经济学界关注和讨论的热点。1956～1957年、1959～1964年，我国经济学界前后两次掀起了对计划与市场关系问题讨论的高潮。讨论中，一些经济学家对排斥商品货币关系和市场机制、否定价值规律作用的传统社会主义经济体制和理论，发起了一次又一次的冲击，提出了一系列今天看来仍富有启发性的观点和主张。比如，孙冶方提出要把计划放在价值规律基础上，利润的多少是反映企业技术水平和经营管理好坏的最综合的指标；于光远和卓炯认为，凡是加入交换的产品都是商品，商品经济与社会主义不矛盾，还可以成为建设社会主义的有力工具，等等。这一时期，党和国家领导人也曾提出过一些有积极意义的观点和政策主张，如陈云1956年提出在社会主义经济中要有市场调节作为补充；毛泽东1959年提出价值规律"是一个伟大的学校，只有利用它，才有可能教会我们的几千万干部和几万万人民，才有可能建设我们的社会主义和共产主义。否则一切均不可能"。

1978年党的十一届三中全会作出改革开放重大决策后，我国经济学界在党的解放思想、实事求是的思想路线指引下，一次又一次掀起了讨论计划与市场关系的热潮。1979年4月，在江苏省无锡市举行了全国经济理论讨论会，主题是社会主义经济中价值规律的作用，到会300多人。会议的主流观点是：社会主义经济也是一种商品经济，价值规律调节社会生产和流通，市场竞争是社会主义经济的内在机制，企业是有自身利益的商品生产者和经营者。这表明，在对计划与市场关系的认识上向前迈进了一大步。

1984 年党的十二届三中全会作出的《关于经济体制改革的决定》，肯定了社会主义经济是公有制基础上有计划的商品经济。市场取向改革旋即由农村向城市全面展开，市场机制的"魔力"进一步惊人地显现出来，让老百姓普遍得到实惠。20世纪 80 年代有两次改革成效特别突出。一为农村改革，实行家庭联产承包责任制，大大解放了农村生产力，农业生产迅速恢复和发展，农民收入大幅度提高。按可比价格计算，农、林、牧、副、渔业总产值 1985 年比 1978 年增长 61.6%，年均增速达 7.1%，大大高于一般年份增长 2% ~ 3% 的速度，大大增强了改革开放的物质基础。二为价格改革，以放开商品和服务价格为主，转换经济运行机制。结果是，放到哪里活到哪里。哪种商品价格一放开，哪种商品就会像泉水般涌流出来，市场供应日益丰富。实践证明，在绝大多数领域，由市场配置资源比由计划配置资源更有效率。这一改革成效集中体现在20 世纪 90 年代中后期，困扰我国几十年的卖方市场格局转变为深受老百姓欢迎的买方市场格局。

市场化改革的节节推进和成效日益显露，一些经济学家进一步提出，社会主义商品经济就是社会主义市场经济，社会主义商品经济体制就是有宏观管理的市场经济体制，建立竞争性的市场经济体制，能够有力地促进资源配置优化和效率提高，加快经济增速。社会主义市场经济论呼之欲出。

党和国家领导人的政治智慧和勇于理论创新的精神对社会主义市场经济论的确立并成为主流观点起着决定性的作用。1979 年，我国改革开放的总设计师邓小平就指出，社会主义也可以搞市场经济。1992 年初，邓小平在南方谈话中进一步指出，计划多一点还是市场多一点，不是社会主义与资本主义的本质区别。计划经济不等于社会主义，资本主义也有计划；市场经济不等于资本主义，社会主义也有市场。计划和市场都是经济手段。在邓小平南方谈话的指引下，1992 年 10 月党的十四大确认社会主义市场经济体制是我国经济体制改革的目标模式。从此，社会主义市场经济理论确立起来，并逐渐得到经济学家和各界人士的普遍认同。

综上可见，社会主义市场经济论，是"三大改造"基本完成以来特别是改革开放以来各方面对社会主义建设中计划与市场关系长期探索研究的科学结晶。

二　确立社会主义市场经济论之后中国改革开放全面大步展开

1993 年，即确立社会主义市场经济论、明确社会主义市场经济体制是我国经济体制改革的目标后的第二年，党的十四届三中全会作出了《关于建立社会主义市场经济体制若干问题的决定》（以下简称《决定》），对怎样建立社会主义市场经济体制作出了具体部署。《决定》第一次明确了社会主义市场经济体制的基本框架，指出"必须坚持以公有制为主体、多种经济成分共同发展的方针，进一步转换国有企业经营机制，建立适应市场经济要求，产权清晰、权责明确、政企分开、管理科学的现代企业制度；建立全国统一开放的市场体系，实现城乡市场紧密结合，国内市场与国际市场相互衔接，促进资源的优化配置；转变政府管理经济的职能，建立以间接手段为主的完善的宏观调控体系，保证国民经济的健康运行；建立以按劳分配为主体，效率优先、兼顾公平的收入分配制度，鼓励一部分地区、一部分人先富起来，走共同富裕的道路；建立多层次的社会保障制度，为城乡居民提供同我国国情相适应的社会保障，促进经济发展和社会稳定。这些主要环节是相互联系和相互制约的有机整体，构成社会主义市场经济体制的基本框架"。此后，中国市场化改革向深层次全方位迅速展开。

首先，国有企业改革从过去放权让利转向体制创新，以建立现代企业制度为方向，努力适应市场经济的发展。通过对国有经济布局和结构的战略性调整和对国有大中型企业进行股份制公司制改革，使国有经济走出困境，许多国有大中型企业转换了经营机制，提高了市场竞争力和活力，国有经济的控制力得到增强。

1997 年全国国有企业 25.4 万户，到 2007 年减少到 11.5 万户，减少了一半多，但国有经济总量不断扩大，综合实力不断增强：1997 年全国国有企业资产总额 13.9 万亿元，到 2007 年增长到 35.5 万亿元。1998 年，2/3 以上国有企业亏损，全国国有企业加起来的利润才 213.7 亿元，而到 2007 年，国有企业利润总额达到 1.7 万亿元，实现大幅度增长。目前，地方国有企业改制面已达 80% 以上，中央企业及其下属子企业的股份制公司制改制面已由 2002 年的 30.4% 提高到 2007 年的 64.2%。在 A 股市场的 1500 多家上市公司中，含有国有股份的上市公司 1100 多家，在境外资本市场上市的中央企业控股的上市公司 78 户。所有这些均表明，我国国有企业改革已取得实质性进展。

其次，财政体制进行了重大改革。1994 年实行了适应市场经济发展的分税制改革，即在中央和地方两级财政之间实行分税制，改变原来实行的地方财政包干的办法。在分税制中，增值税是最大税种，实行中央和地方分成，中央得 75%，地方得 25%，消费税则全归中央，增值税和消费税比上年增长部分以 1∶0.3 比例返还地方。这一改革一方面促进了财政收入的迅速增长，1993 年全国财政收入 4348.95 亿元，而到 2007 年，全国财政收入跃增至 51304.03 亿元，增长（名义增长）了 10.8 倍；另一方面是中央财政收入占的比重迅速提高，1993 年中央财政收入占国家财政收入的比重为 22%，而到

2007年，这一比重提高到54.1%，这就使中央对地方财政转移支付的能力大大增强。进入21世纪后，财政体系又进行了重大转型，即从经济建设型财政向公共服务型财政转变，承诺逐步实现对全体居民基本公共服务均等化。这就意味着财政支出结构将作重大调整，即大幅度提高用于公共服务的部分，提高用于欠发达地区和低收入群体的部分。

第三，2001年11月我国加入世界贸易组织，我国的对外开放进入了新阶段。加入世贸组织是顺应经济全球化潮流的重大举动，具有里程碑意义。作出这一决策是党中央第三代领导集体最耀眼的历史功绩。在"入世"谈判中，不少人忧心忡忡，怕"入世"影响国家安全，许多产业包括金融、商业、农业、信息等会受到很大冲击，弊大于利，至少短期弊大利。但中国"入世"七年的实践证明，"入世"对中国利大于弊，原来的许多担心都没有出现。中国是经济全球化的受益者，"入世"提高了中国的收益率。"入世"以后，中国的经济总量、对外贸易、利用外资、外汇储备等的增速都加快了，中国对世界经济增长的贡献率2000~2006年平均在到15%以上。而且，开放促进了改革，"入世"使中国一大批同市场经济一般规则相抵触的法律法规和政策得以废止和修改。许多产业着力提高自主创新能力，提高市场竞争力。许多企业"走出去"，充分利用两个市场、两种资源，发展壮大自己。

第四，个体、私营等非公有制经济大发展。1993 年、1994 年、1995 年私营经济户数增幅均在 50% 以上。1997 年，党的十五大进一步肯定了个体私营等非公有制经济是社会主义市场经济的有机组成部分。到 2006 年，私营企业达 497.4 万家，从业人员 6396 万人；个体企业达 2576 万家，从业人员 7500 万人，私营和个体企业营业额已突破 6 万亿元。多年来，个体私营等非公有制经济是我国重要的经济增长点，是提供新就业岗位的主渠道，是满足全国人民不断增长的多样化的物质文化需要的生力军。个体私营等非公有制经济的大发展，形成了我国多元市场主体竞争格局，有力地推动了公有制企业适应市场经济改革的深入开展。

第五，积极推进社会领域改革。进入 21 世纪，社会领域改革迅速展开：义务教育阶段学杂费已全部取消；最低生活保障制度已从城市扩展至农村；正在积极探索城乡居民养老保障制度建设；新型农村合作医疗制度建设进展很快，目前已有 7 亿多农民参加；城镇居民基本医疗保险正在积极推进；努力建立健全廉租房制度，解决城市低收入家庭住房困难；等等。

第六，加快行政管理体制改革，转变政府职能。为适应社会主义市场经济的发展积极推进政府改革、政府职能转换，从全能型政府、经济建设型政府向公共服务型政府转变，实行政企分开、政资分开、政事分开、政府与市场中介组织分开，切

实履行经济调节、市场监管、社会管理、公共服务职能。推进
了审批制度改革，减少审批、依法审批，政府不再直接干预企
业的生产经营活动。

在这期间，还实现了国有大型商业银行整体上市，进行了
资本市场上的股权分置改革，取消了农业税，统一了内外资企
业所得税，对一些垄断行业企业进行分拆和引入竞争机制，进
行文化体制改革等。

由于以上许多改革在20世纪90年代的迅速推进，到2000
年，我国已初步建立起社会主义市场经济体制，市场已开始在
资源配置中起基础性作用。进入21世纪，新体制正按照发展
社会主义市场经济的要求进行完善，以便使整个国民经济充满
活力、富有效率、更加开放，继续为发展中国特色社会主义提
供强大动力和体制保障，并争取于2020年建成完善的社会主
义市场经济体制。到那时，社会主义市场经济理论将得到新体
制的依托牢固地树立起来。

三　社会主义与市场经济的有机结合：一项具有划时代意义的理论创新

社会主义市场经济论立论的基础是社会主义与市场经济能
够相互结合，而不是像传统理论认定的那样是完全对立的。不
光要从理论上论证两者能够结合，更要在实践上广泛和反复证
明两者能够结合。以往的市场经济都是同资本主义或者私有制

相结合的。我国在社会主义条件下发展市场经济，是前无古人的伟大创举，也是一项全新的课题。在成功实践的基础上概括出来的社会主义市场经济论，是中国共产党人和马克思主义经济学家关于科学社会主义的重大理论创新，也是对经济科学的划时代贡献。

　　社会主义市场经济论的难点在于公有制与市场经济的有机结合。我国已确立了公有制为主体、多种所有制经济共同发展的基本经济制度。在这一基本经济制度中，个体、私营等非公有制经济能够与市场经济结合，这是没有问题的，问题在于公有制特别是国有制能否与市场经济结合。这不但是一个理论问题，更是一个实践问题。传统计划经济体制下的公有制和国有制是难以同市场经济结合的。改革开放后，各方面都在努力寻找能同市场经济结合的公有制和国有制的实现形式。经过多年探索和实践，我们终于找到了能够同市场经济相结合的公有制包括国有制的有效实现形式——股份制。股份制是现代企业的一种资本组织形式，有利于所有权和经营权的分离，有利于提高企业和资本的运作效率，资本主义可以用，社会主义也可以用。推进公有制企业包括国有企业的股份制公司制改革，可以使公有制企业适应市场经济的发展，改革成为自主经营、自负盈亏的市场主体和法人实体，并可以在股份制公司制框架下逐步完善公司法人治理结构。因此，将公有制企业特别是国有大中型企业改革为现代公司，其中重要的企业实行国家控股（个别的还可国有独资），就可以同一般市场经济国家的现代公司接轨，不仅可以同非公有制市场主体如外资企业、私营企业展开平等竞争，而且可以走向国际市场，参与国际市场竞争。可见，通过股份制，我国的公有制特别是国有制找到了一个与市场经济相结合的形式和途径。

在社会主义条件下发展市场经济，要求以人为本，以实现共同富裕为目标，防止两极分化。正如胡锦涛总书记在党的十七大报告中指出的，"要始终把实现好、维护好、发展好最广大人民的根本利益作为党和国家一切工作的出发点和落脚点，尊重人民主体地位，发挥人民首创精神，保障人民各项权益，走共同富裕道路，促进人民的全面发展，做到发展为了人民、发展依靠人民、发展成果由人民共享"。这就要求坚持和完善按劳分配为主体、多种分配方式并存的分配制度，要让全国人民共享改革发展的成果。公有制为主体，社会主义国家的收入分配政策，公共的财政体系，完善的社会保障制度，将有力地促进和保证走共同富裕的道路。当前在这方面存在不少实际问题，比如不同地区不同群体收入差距过大，社会公平受到严重挑战，党和政府正在采取各种措施加以解决。

社会主义与市场经济相结合，是社会主义和市场经济两个方面相互适应的过程。一方面，公有制要着力适应市场经济，国有制要通过股份制形式实现同市场经济的结合；另一方面，市场经济的发展要着重适应社会主义共同富裕目标。这样就能实现社会主义与市场经济的有机结合。我们对这一结合的成功实践充满信心，从而对社会主义市场经济论的科学性充满信心。

四 完善社会主义市场经济体制，发展社会主义市场经济，以此证明社会主义市场经济理论具有旺盛生命力

我国改革开放30多年取得的举世瞩目成就，已初步证明了社会主义市场经济理论的科学性和旺盛生命力。在国内，社会主义市场经济论已深入人心，深得社会各界的广泛认同，坚持社会主义市场经济的改革方向，已成为社会的广泛共识和实践指南。同时也要看到，国外仍有一些经济学家和其他人士至今仍对社会主义能否与市场经济结合表示怀疑，国内个别人士也时不时对改革进程中出现的暂时困难和问题提出责难。为增强社会主义市场经济论的说服力，还要在改革和发展的实践中继续努力，作出更大成绩。

首先，要深化改革，完善社会主义市场经济体制。我国已建立起社会主义市场经济体制的框架，新体制的优越性正日益显现，但还不完善，仍有一些改革攻坚任务有待完成，比如，政府职能转换改革、国有中央企业改革、垄断行业改革和收入分配制度改革等。之所以要攻坚，除了这些改革属于深层次，

牵涉到许多人的切身利益外，还在于会受到某些既得利益群体的阻挠。这就需要有党和政府自上而下的有力推动，排除既得利益群体的干扰，提高改革决策的科学性，增强改革措施的协调性。

完善新体制的另一个着力点是努力实现社会主义市场经济法治化，使社会经济活动纳入法制轨道。法治的市场经济可以有效防止产生权贵资本主义，防止有人利用公有制为私人谋利益，保证公有制特别是国有制为公众谋利益，服务于实现共同富裕的目标。

其次，要在发展社会主义市场经济方面作出更加辉煌的成就。中国在社会主义条件下发展市场经济已经取得巨大成就。1978～2007 年，年均 GDP 增速达 9.8%，比 1953～1978年平均增速快近 4 个百分点，比同期全世界平均增速高 2 倍，目前已成为世界第四大经济体，2007 年人均 GDP 按当年汇率计算已达 2500 美元左右，进入中等收入国家行列。与此同时，我们也要冷静地看到，中国还处于并将长期处于社会主义初级阶段，工业化和城市化尚未很好实现，全面建设小康社会和基本实现现代化的任务还很重。21 世纪头 20 年，对我国来说是一个难得的重要战略机遇期。我们要按照党的十七大提出的全面建设小康社会奋斗目标的新要求，到 2020 年全面建设成惠及十几亿人口的更高水平的小康社会。然后更进一步，到 21 世纪中叶基本实现现代化，实现中华民族的伟大复兴。我国经济已高速增长了30年，比日本和"亚洲四小龙"20世纪持续高速增长的时间更长，被公认是"中国的奇迹"。我们有信心，至少今后20年，我国经济仍将快速增长。我国有世界上最广阔的市场，居民有很高的储蓄率，有丰富的劳动力资源且素质不断提高，有日益先进的技术力量，这些都是我国持续高速增长的决定因素。只要我们继续完善新体制，深入贯彻落实科学发展观，我国经济社会的快速列车就必将继续飞驰向前。

[延伸阅读2]

确立社会主义市场经济体制改革目标的伟大意义①

今年是我国确立社会主义市场经济体制改革目标20周年。20年前的1992年，党的十四大根据年初邓小平南方谈话精神，明确提出我国经济体制改革的目标模式是建立社会主义市场经济体制，这标志着我国经济体制改革从摸着石头过河逐步走向自觉有序推进的转变，有力地推动了我国社会主义现代化建设事业的迅猛发展。

---

① 原载《光明日报》2012年6月9日。

确立社会主义市场经济体制改革目标是改革开放过程中合乎逻辑的正确选择

1978 年我国实行改革开放后，在各项经济活动中逐步引入市场机制，使社会经济生活逐步活跃起来。改革初期农村推行家庭联产承包责任制，农民开始有了按自身和市场需要的生产经营自主权，大大解放了农村生产力，农业生产迅速恢复和发展，农民收入大幅度提高。按可比价格计算，农林牧副渔业总产值，1985 年比 1978 年增长 61.6%，年均增速达 7.1%，显著高于一般年份 2% ~ 3% 的增速。与此同时，逐步放开农副产品、工业消费品和服务价格。结果是，放到哪里活到哪里。哪种商品价格一放开，哪种商品就很快像泉水般涌流出来。企业生产经营自主权的扩大，个体经济乃至私营经济的发展，使城乡就业者迅速增加。所有这些都使社会各界深切体会和认识到发展商品生产和交换、尊重和发挥价值规律的作用。1984 年党的十二届三中全会作出的《关于经济体制改革的决定》肯定了社会主义经济是公有制基础上有计划的商品经济，这为中国走向社会主义市场经济体制提供了重要的推动力。

随着市场化改革的节节推进和成效日益显露，一些经济学家进一步提出，社会主义商品经济就是社会主义市场经济，社会主义商品经济体制就是有宏观管理的市场经济体制。建立竞争性市场经济体制，能够有力地促进资源配置优化和效率提高，推动经济起飞。但也有一些经济学家对此表示怀疑。在这关键时刻，政治家和领导人的政治智慧与勇于创新的精神对确立社会主义市场经济体制的改革目标具有决定性作用。1992年初，邓小平在南方谈话中指出，计划多一点还是市场多一点，不是社会主义与资本主义的本质区别。计划经济不等于社会主义，资本主义也有计划；市场经济不等于资本主义，社会主义也有市场。计划和市场都是经济手段。同年6月9日，江泽民在中共中央党校省部级干部进修班上的讲话中，谈到对建立新体制问题的认识时说："我个人的看法，比较倾向于使用'社会主义市场经济体制'这个提法。有计划的商品经济，也就是有计划的市场经济。"同年十月，党的十四大确立社会主义市场经济体制的改革目标。

可见，20年前中国确立社会主义市场经济体制的改革目标，是1978年实行改革开放过程中合乎逻辑的必然结果，此后中国社会主义现代化建设飞速发展的实践证明，这是极其正确的选择。

社会主义市场经济体制目标确立后，改革大步推进，新体制日臻完善

1992年以后，由于改革目标明确，加上1993年党的十四届三中全会对新体制基本框架设计相当合理，使改革全面大步展开，社会主义市场经济体制比较快地建立起来，我国初步实

现了由传统的计划经济体制向社会主义市场经济体制的根本性转变。

第一，我国已经确立了以公有制为主体、多种所有制经济共同发展的基本经济制度。我们积极推进公有制特别是国有经济的改革，明确国有企业以建立现代企业制度为方向，走公司化股份化的路子，不断增强市场竞争力。目前国有大中型企业多数已通过上市、不同所有制企业互相参股等形式转为现代公司。国有经济继续控制着国民经济命脉，在国民经济中发挥主导作用。其他公有制如各种形式的合作制和集体所有制经济也在改革中焕发了活力。与此同时，个体和私营经济快速发展，成为社会主义现代化建设中一支不可或缺的重要力量。

党的十七大报告提出，要毫不动摇地巩固和发展公有制经济，毫不动摇地鼓励、支持、引导非公有制经济发展，坚持平等保护物权，形成各种所有制经济平等竞争、相互促进新格局，从而为完善基本经济制度进一步指明了方向。

第二，市场已开始在资源配置中发挥基础性作用。我国绝大多数产品和服务的价格已经由市场调节，生产要素价格已走上市场化改革进程，统一、开放、有序的市场体系已经建立，多数经济学家都认同我国经济的市场化程度已达70%以上，说明中国经济已转入主要由市场主导的阶段。

第三，政府对宏观经济的管理已从直接管理转变为以间接管理为主。保持宏观经济的稳定增长是政府义不容辞的任务。

通过宏观经济管理体制改革，我国政府已做到主要运用经济手段，根据经济形势的变化实施相应的财政政策和货币政策等，辅之以必要的行政手段，促进宏观经济的平稳和健康运行。20年来，我国总体上实现了既保持经济的高速增长，又避免出现过高的通货膨胀率。在这期间，我国稳步推进了财政金融体制改革。

第四，建立了以按劳分配为主体、多种分配方式并存的分配制度，明确要走共同富裕的道路。逐步健全劳动、资本、技术、管理等生产要素按贡献参与分配的制度，探索和努力协调好公平与效率的关系。

第五，努力建立全覆盖的社会保障制度。按照广覆盖、保基本、多层次、可持续的方针，积极推进覆盖城乡居民的社会保障体系建设，并稳步提高保障水平。

第六，不断扩大对外开放，全面提升开放型经济水平。2001年底，我国加入世界贸易组织，使我国经济快速融入经济全球化进程，对外贸易加快发展，走出去步伐逐步加大。我国现已成为全球最大货物出口国和第二大进出口贸易国。

与此同时，也要清醒地看到，我国的社会主义市场经济体制还不完善，经济发展中还存在一些体制机制障碍。特别是有一些改革攻坚任务，由于涉及比较重大的利益调整，困难和阻力比较大，需要进一步凝聚改革共识，做好顶层设计和总体规划，然后择机由上而下强力推进，争取到2020年实现党的十六大提出的建成完善的社会主义市场经济体制的历史性目标。

社会主义与市场经济的有机结合是前无古人的伟大创举

我国作为一个大国，在社会主义条件下发展市场经济，是前无古人的伟大创举。一方面，我们要坚持社会主义方向和道路，坚持公有制为主体，按劳分配为主，以人为本，发展经济的目的是普遍增进人民群众的福利，实现共同富裕。另一方面，要发挥市场配置资源的基础性作用，使经济活动遵循价值规律的要求，不断解放和发展社会生产力，增强综合国力，更好地实现经济建设这个中心任务。改革开放以来特别是1992年以来，中国社会主义现代化建设取得的令世人瞩目的辉煌业绩表明，我国已做到了社会主义与市场经济的有效结合。

社会主义市场经济的最大特点和难点是市场经济同公有制相结合，而不像以往那样市场经济都是同私有制相结合的，因此是一个全新的课题。

我国已确立了公有制为主体、多种所有制经济共同发展的基本经济制度。在这一基本经济制度框架中，个体、私营等非公有制经济能够与市场经济结合，这是没有问题的。问题在于公有制特别是国有制能不能与市场经济相结合或怎样与市场经济相结合。这不但是一个理论问题，更是一个从未有过的实践问题。传统的计划经济体制下的公有制和国有制是难以同市场经济相结合的。改革开放后，经过多年的探索和实践，我们终于找到了能够同市场经济结合的公有制和国有制的实现形式——股份制。1997 年，党的十五大报告指出，"股份制是现代企业的一种资本组织形式，有利于所有权和经营权的分离，有利于提高企业和资本的运作效率，资本主义可以用，社会主义也可以用。"2003 年党的十六届三中全会进一步指出，"要适应经济市场化不断发展的趋势，进一步增强公有制经济的活力，大力发展国有资本、集体资本和非公有资本等参股的混合所有制经济，实现投资主体多元化，使股份制成为公有制的主要实现形式。"中国国有企业改革实践证明，推进公有制企业包括国有企业的公司制股份制改革，可以使公有制企业适应市场经济的发展，成为自主经营自负盈亏的市场主体和法人实体，并逐步完善公司法人治理结构。因此，将公有制企业特别是国有大中型企业改革为投资主体多元化的现代公司，就可以同一般市场经济国家的现代公司接轨，不仅在国内同非公有制企业展开平等竞争，而且可以参与国际市场竞争。这方面的探索目前还在进行中，并不断取得实效。

我们相信，随着社会主义市场经济体制的进一步完善，新体制的优越性和生命力将更好地发挥出来，从而有力地推动全面建设小康社会和社会主义现代化建设。

第八章

《决定》提出了哪些需要认真
研究的重大经济改革议题

2013 年 11 月党的十八届三中全会作出的《中共中央关于全面深化改革若干重大问题的决定》（以下简称《决定》），有许多新观点、新论述、新举措，提出了一系列需要我们深入学习和认真研究的重大改革议题。下面，仅就经济领域列举一些我认为需要我们特别重视的几个改革议题。

第一，市场在资源配置中起决定性作用的适用范围问题。《决定》第一次在党的文献提出使市场在资源配置中起决定性作用的论断，用于代替沿用了 21 年的基础性作用的提法，明确指出，"市场决定资源配置是市场经济的一般规律，健全社会主义市场经济体制必须遵循这条规律，着力解决市场体系不完善、政府干预过多和监管不到位问题。"这是《决定》最大的一个亮点，具有很强的现实针对性。此前我国经济界和理论界还没有人明确提出过这一论断，说明这次《决定》走在改革理论最前列，值得我们认真学习深刻领会。这里有一个问题很值得研究，就是市场在资源配置中起决定性作用的范围应如何科学界定？我认为，市场在资源配置中起决定性作用主要适用于经济领域，并不像适用于经济领域那样适用于文化、社会等领域，虽然在文化、社会等领域中产业部分也需要很好地运用市场机制。也就是说，文化、社会等领域有不少公共服务部分如义务教育、公共文化服务、基本医疗卫生服务、居民基础养老、廉租房建设等，其资源配置是不能由市场起决定性作用的，过去曾经一度出现过上述领域也搞市场化的倾向，使政府没有很好地履行提供公共服务的职责。所以，《决定》明确指出，"紧紧围绕使市场在资源配置中起决定性作用深化经济体制改革"，而没有说还涉及其他领域改革。还有，就是在经济领域，也有市场失灵部分，如自然垄断环节、关系国家安全部分等，但这只是较小部分，经济领域的主体部分，市场在资源配置中应起决定性作用，目前这方面做得不够好，主要是行政配置资源过多，还有就是由于垄断和其他行政干预妨碍了竞争性市场体系的形成和健全，没有很好形成公平竞争的市场环境。国内外实践均表明，只有让市场起决定性作用，才能不断提高资源配置的效率，更好地促进经济增长。这个问题值得进一步深入研究。

第二，市场起"决定性"作用下中央政府和地方政府职能如何转换问题。这次《决定》明确用市场在资源配置中起决定性作用代替沿用了 21 年的基础性作用。我体会,做这种变更是为了进一步强调市场机制在资源配置中的支配作用,进一步从广度和深度上推进市场化改革,着力解决政府对资源的直接配置过多、对微观经济活动干预过多和审批过多;政府对市场监管不到位、影响公平竞争环境的形成和健全;政府公共服务、社会管理和保护环境也不到位或缺位,远不能满足老百姓的需求;政府没有很好地依法打破各种形式的行政垄断甚至采取一些歧视性政策,妨碍非公有制经济的发展等问题。这就要求政府转型,从越位领域退出,填补和做好原来缺位和不到位的工作,实现政府职能的转换,以便更好地发挥政府的作用。具体来说,正如《决定》指出的,"加强中央政府宏观调控职责和能力,加强地方政府公共服务、市场监管、社会管理、环境保护等职责。"可见,要落实市场在资源配置中起决定性作用,关键要推进政府改革,划清政府和市场的边界。政府要从多年来介入过深的经济活动中逐步退出,大幅度减少对资源的直接配置,最大限度减少政府对微观事务的管理,市场机制能有效调节的经济活动,一律取消审批,对保留的行政审批事项要规范管理,提高效率。同时加强服务职能,即从无所不能型政府转变为有限政府、服务型政府、法治型政府。近年来中央政府在改革审批体制方面动作很大,根据李克强总理 2014 年 3 月作的《政府工作报告》,国务院一年来已分批取消和下放了 416 项行政审批等事项，2014 年要再取消和下放 200 多项行政审批事项。相对而言，地方政府改革特别是改变政府直接配置资源过多和对微观经济活动干预过多、改变软预算约束和依赖土地财政以及借了钱不准备偿还等方面，不够明显，有的地方政府甚至还热衷于大干快上，追求短期 GDP 增速最大化，还在走老路，以致产能过剩问题、地方债务急剧增长问题等，很难解决。也许地方政府改革还不太清楚应怎样迈步、抓什么重点。政府改革，肯定会触及一些政府官员的利益，需要中央全面深化改革领导小组强有力的推动才能迈步，同时也要不断研究和总结改革实践经验，寻找和推广好的做法和经验，以便更好地推进政府改革和职能转换。

第三，如何促进混合所有制经济健康发展问题。《决定》提出，混合所有制经济"是基本经济制度的重要实现形式，"这是又一个亮点。中国经过 35 年的改革开放，伴随着经济的高速增长，国有资本、集体资本、非公有资本都呈现几十倍、上百倍增长，2012 年私营企业注册资本就达 31 万亿元。居民储蓄存款也大量增加，到 2013 年 8 月，居民的银行储蓄存款余额已达 43 万亿元，其中定期存款超过 27 万亿元。在这种情况下，发展混合所有制经济，有利于国有资本放大功能、保值增值、提高竞争力，也有利于各种所有制资本取长补短、相互促进、共同发展。混合所有制经济可以说是股份制经济的升级版。股份制经济不一定是混合所有制经济，如一些发达国家的股份公司一般是私人资本的集合而不是不同所有制资本的集合，但混合所有制经济肯定是股份制经济。发展混合所有制经济，为深化国有企业改革进一步指明了方向。有数据表明，混合所有制经济比国有经济资产营运效率高、创新能力强。由于允许混合所有制经济实行企业员工持股，形成资本所有者和劳动者利益共同体，更有利于调动各方面积极性，增强企业活力和竞争力。近来，已有一些国有大型企业主动提出实行混合所有制，如中石化将对油品销售业务板块进行重组，引入社会和民营资本参股，实现混合所有制经营，其中，社会和民营资本比例不超过30%（《中国经济时报》2014年3月6日）；中国电力投资集团公司也将在今年启动混合所有制改革，允许民资参股部分中电投旗下子公司和建设项目，民资参股比例将达1/3（《经济参考报》2014年3月13日）。混合所有制经济既可以国有资本控股，也可以非公有资本控股。当前要着重避免总是国有股一股独大、民间资本参股后没有多少发言权的现象；还要避免有的央企巨无霸在混合所有制改革中只拿出一小部分不赚钱或成为包袱的业务吸收社会资本参与。实际上，按照《决定》的精神，在垄断行业中，除了自然垄断环节外，一般都应当放开，引入社会资本与竞争机制，积极发展混合所有制经济。有的民营企业家一讲到混合所有制经济，就要求控股，这其实并不完全现实。因为有的央企，准备引进社会资本的，比如中石化的油品销售板块，拿出 1/3 就达上千亿元，目前民营资本恐怕尚未具备控股能力。与此同时，也要防止在混合所有制改革中出现国有资产流失，这中间最重要的是要客观合理评估国有资产，严格防范过去出现的乱象。有专家估计，目前混合所有制经济总体上占我国经济的比重为 1/3 左右。按现在改革快速发展势头，我个人估计到2020 年我国混合所有制经济总体上占我国经济的比重有可能达到 50%。可以想象，随着经济发展和改革深化，产权多元、自主经营、治理规范的混合所有制经济，将会有长足的发展，成为社会主义市场经济的主要微观主体。因此，今后需要加强对混合所有制经济的研究，包括如何完善法规、政策，健全法人治理结构，真正做到在一个经济单位内部各类资本能得到同等保护产权、同等使用生产要素、同等受益，从而促进混合所有制经济健康发展。

第四，国有资产监管机构如何从管企业向主要管资本转变。《决定》提出，"完善国有资产管理体制，以管资本为主加强国有资产监管，改革国有资本授权经营体制，组建若干国有资本运营公司，支持有条件的国有企业改组为国有资本投资公司。"这意味着国有企业和国有资产管理体制改革进入一个新的阶段。国资委如何从管国有企业为主向主要管资本转变，应当说对国资委是一个全新的课题，从哪里着手转轨就很值得研究探索，包括如何组建国有资本运营公司和投

资公司，也需要摸索经验。国资委主要管资本，也是同积极
发展混合所有制经济相适应的。因为国资委要逐步致力于国
有资本的优化配置，也就要求更好地发展混合所有制经济。
看来，今后需要很好界定各类国有资本的职能。总的来说，
国有资本可以分为公益性和收益性两大类。公益性资本主要
投资于提供公共服务和保障领域，包括基础设施、基础产业
普遍服务部分等；收益性资本主要投资于重要竞争性产业和
技术创新等领域，包括投资于引领科技进步具有国际竞争力
进入世界 500 强的大型企业和跨国公司。与上述资本职能相
适应，组建若干国有资本运营公司投资公司，分别制定不同
类公司对各个企业出资和投资方式，确定其经营目标和考核
体系。例如，对公益性资本运营公司，就不能以资本增值作
为主要考核指标，而应着重在成本控制、服务质量等方面提
出要求。这些，都需要在不断总结实践经验基础上认真研究
和逐步完善。同时，要借鉴国内外许多资本运营公司和投资
公司的做法和经验，比如新加坡的淡马锡公司和我国汇金公
司的资本运营和投资控股等做法，结合实际，认真研究探索
最佳模式。

　　第五，如何建立和完善优化资源配置、维护市场统一、促
进社会公平的财税体制。《决定》指出，"财政是国家治理的
基础和重要支柱，科学的财税体制是优化资源配置、维护市场
统一、促进社会公平、实现国家长治久安的制度保障。必须完

善立法、明确事权、改革税制、稳定税负、透明预算、提高效率，建立现代财政制度，发挥中央和地方两个积极性。"还分别论述了改进预算管理制度、完善税收制度、建立事权和支出责任相适应的制度。许多专家和学者都期望新一轮改革以财税改革为突破口，有人还设想可以考虑降低三四个百分点的增值税税率，然后增值税全部归中央财政；同时新开征零售税或消费税（税率约5%）作为价外税，税收全部归地方。这样可以一方面消除地方政府发展重化工业争取更多增值税分成的冲动，从根上解决许多行业的产能过剩问题，地方政府也不会再靠拼资源拼环境谋求短期GDP增速最大化。另一方面可以使地方政府有稳定的收入来源。这也许是一个比较理想的方案，但是对零售商品实行价外税却是一个涉及所有老百姓利益的改革。这种改革如果是在经济增速较快特别是财政收入增幅较大时，容易付诸实施，通过财政补贴等使老百姓购物时不会增加多少开支。这次《决定》没有采纳这一激进改革举措，而是采取比较稳妥的措施。比如提出要深化税收制度改革，完善地方税体系，逐步提高直接税比重。中国目前地方税税种少，税收少得可怜，有的地区80%的政府支出靠中央财政的转移支付，这在一定程度上刺激地方政府拼资源拼环境并违规实行优惠电价地价等发展高耗能高污染行业和产能过剩行业，以便得到更多的增值税分成，形成恶性竞争和加重产能过剩。完善中央财政转移支付制度、构建和完善地方税体系成为加快转变经

济发展方式和调整经济结构的当务之急。发达的市场经济国家
地方税一般有两个重要的税种，一为房产税，二为消费税
（价外税）。我国将来也许要参考这种税制。这次《决定》提
出，加快房地产税立法并适时推进改革；调整消费税征收范
围、环节、税率，把高耗能、高污染产品及部分高档消费品纳
入征收范围。这是非常重要的改革举措。我们要认真研究在中
国如何开征房地产税问题，立好法，适时开征，并要考虑如何
逐步完善，使其逐渐成为地方税的一个主要税种。消费税的问
题也要认真研究，包括研究如何使消费税逐渐成为覆盖全部消
费品的价外税，并转变成为地方税的另一个主要税种，与此同
时要适当降低增值税税率，比如降低三四个百分点，以支持开
征作为价外税的消费税，尽量使消费者不致因税制改革而加重
负担。这也是一个很复杂的问题，有待各方面认真研究，提出
可行方案。

第六，关于在推进城市建设管理创新中如何建立规范合理
的地方政府债务管理制度问题。《决定》指出，"推进城市建
设管理创新。建立透明规范的城市建设投融资机制，允许地方
政府通过发债等多种方式扩宽城市建设融资渠道，允许社会资
本通过特许经营等方式参与城市基础设施投资和运营，研究建
立城市基础设施、住宅政策性金融机构。"这对完善城镇化健
康发展体制机制非常重要。我国地方政府债务这几年无序扩
张，根据国家审计署 2013 年 12 月 30 日公布的关于地方政府

债务审计结果，地方政府债务规模已从 2011 年底的 10.7 万亿元，增加到 2013 年 6 月底的 17.9 万亿元，相当于 GDP 的 33%，比 2012 年全年财政收入的 11.7 万亿元还高出 50% 以上，接近 2012 年全年地方财政收入的 3 倍，各方面都认为风险很大，亟须规范约束。有的专家还认为，地方政府债务规模膨胀过快，拉高了利率水平，也挤占了中小企业银行贷款额度和提高融资成本，认为这是下一阶段财政金融体制改革的一个关键。（厦门大学：《中国宏观经济预测与分析——2014 年春季报告》，2014 年 2 月 20 日）《决定》上面提出的，正是规范和约束地方政府债务的重大举措，也有利于城市基础设施建设等健康发展。第一步，需要用透明规范的地方政府举债的方式代替现有的很不规范的通过各种各样融资平台进行融资的方式，后者的规模和风险是不可控的。第二步，是要约束地方政府举债规模，像现在这样地方政府举债规模太大，风险也很大，是目前地方政府直接配置资源过多的重要表现，不利于市场在资源配置中发挥决定性作用，也是这次三中全会《决定》所要纠正解决的一个问题。第三步，最根本的，是要按照《决定》所要求的，必须建立各级政府的跨年度预算平衡机制、权责发生制的政府综合财务报告制度，建立规范合理的中央和地方政府债务管理及风险预警机制，完善发展成果考核评价体系，纠正单纯以经济增长速度评定政绩的偏向等。这也是需要深入研究的课题。

参考文献

张卓元、胡家勇、刘学敏：《论中国所有制改革》，江苏人民出版社，2001。

黄孟复主编《中国民营经济史·纪事本末》，中华工商联合出版社有限责任公司，2010。

彭森等：《中国经济体制改革重大事件》，中国人民大学出版社，2008。

《中国共产党第十八次全国代表大会文件汇编》，人民出版社，2012。

《中共中央关于全面深化改革若干重大问题的决定》（2013 年 11 月 12 日）。

《〈中共中央关于全面深化改革若干重大问题的决定〉辅导读本》，人民出版社，2013。

张卓元：《提出市场在资源配置中起决定性作用的重大意义》，《财贸经济》2013 年第 12 期。

裴长洪：《中国公有制主体地位的量化估算及其发展趋势》，《中国社会科学》2014 年第 1 期。

迟福林主编《市场决定》，中国经济出版社，2014。

张卓元：《〈决定〉提出十个重大经济改革议题》，《中国特色社会主义研究》2014 年第 3 期。

[延伸阅读 1]

以顶层设计给力改革深水区[①]

改革开放以来，经过 30 多年接近两位数的经济高速增长，

---

① 原载《学术前沿》2012 年第 3 期

中国已成为全球第二大经济体，2011 年人均 GDP 按当年汇率计算已超过 5000 美元，进入中等偏上收入国家行列。但是，长期以粗放扩张为主的经济快速增长，也积累了一些亟待解决的问题，尤其是不平衡、不协调、不可持续的问题突出，这就需要转变经济发展方式，实现经济转型，即从数量规模扩张型转变为追求质量和效益型。要切实推进经济发展方式转变和经济结构调整，最根本的是要加快推进经济体制改革、行政管理体制改革、社会领域改革、文化体制改革等。

进一步凝聚改革共识

中国经过 30 多年的改革开放，社会主义市场经济体制已初步建立，但是还不完善，仍然有许多攻坚克难的任务。进入 21 世纪，特别是 2003 年以来，各方面专注于发展，经济增长业绩喜人，但改革进展缓慢，有的领域甚至停滞不前。最近 10 年，我们推进了上市公司股权分置改革、四大国有商业银行整体上市、集体林权制度改革、人民币汇率形成机制改革、增值税转型、企业和个人所得税制改革、资源税费改革、文化体制改革、医疗卫生体制改革、社会保障体系建设等。但是，也要承认，这几年的确没有特别重大、足以带动全局的改革。同飞速前进的经济增长相比，改革显得滞后了。

改革滞后的领域主要有：政府职能转换远未到位，政府常常越位代替市场成为资源配置主角；国企、央企特别是垄断行业改革进展缓慢，既得利益群体千方百计阻挠新的厂商进入并开展平等竞争，妨碍增进效率；资本等生产要素和资源产品价格市场化改革进展过于迟缓，造成资源的滥用和浪费；财政向公共服务转型缓慢，一些地方政府仍然把大部分财政支出用于经济建设而不是用于向居民提供公共服务和产品；金融体制改革滞后，高度垄断没有完全打破，中小企业金融机构较少，货币市场、资本市场发展缓慢；收入分配关系远未理顺，劳动所得偏低，严重侵犯农民利益，居民收入分配秩序混乱、差距扩大；等等。应该说，中国改革攻坚任务还很重，远未过关。

党的十六大报告明确提出，要在 2020 年"建成完善的社会市场经济体制和更具活力、更加开放的经济体系"，这同邓小平 1992 年南方谈话提出的要求是一致的。现在距离 2020 年只有八九年的时间，我们要提高加快推进改革紧迫性的认识，更加重视和加快推进各方面改革。要清醒地认识到，如果按照前几年的做法和推进速度，那么 2020 年建成完善的社会主义市场经济体制的目标就很有可能落空或者大打折扣。

加快推进改革的紧迫性还在于，面对国际金融危机和欧洲不少国家主权债务危机的冲击，欧美经济增速放缓、外需不振，我国延续多年的粗放扩张的老路已难以继续走下去了，必须加快转变经济发展方式，调整经济结构，转到以内需特别是消费需求推动经济增长的轨道上来。这就要求必须加紧推进政府改革、财政体制改革和收入分配体制改革，大幅度提高居民收入和消费占 GDP 的比重；还要打破垄断，放宽市场准入，让民间资本进入许多服务行业，增加就业岗位，满足人民群众多方面需要，等等。只有这样，我国经济的快速增长才是可持续的，发展的路子才能越走越宽广。

做好改革的顶层设计

中国改革发展到今天，已经不再是主要靠"摸着石头过河"了。胡锦涛总书记在纪念党的十一届三中全会召开30周年大会上的讲话，已经总结出十条宝贵经验，为今后深化改革、完善社会主义市场经济体制指明了方向。目前，中国经济体制改革已进入"深水区"，一些改革攻坚任务由于久拖不决逐渐成为老大难问题，这些改革都涉及比较重大的利益调整，困难和阻力比较大，不是一朝一夕、一年两年就能完成的。这首先就需要顶层设计，做好总体规划，然后自上而下进行强有力的推动，才能取得实质性进展。

做好顶层设计和总体规划，要体现全局、整体的利益，要充分吸收基层和广大群众的经验和诉求，特别是要排除既得利益群体的干扰。需要顶层设计的都是重点领域和关键环节的改革，都是需要攻坚克难的改革，而且不是短时期"毕其功于一役"就能完满实现的改革。不仅要提出改革的目标，还要提出改革的路线图。比如，人民币资本项目的可兑换、人民币的国际化就要分好多步才能实现；生产要素和资源产品市场化改革，就既包括利率市场化改革，还包括水、电、天然气、成品油价格市场化改革等，其中各种能源价格改革还要互相协调，不能长期维持煤炭实行市场价格而电则是计划价格。

在推进经济体制改革、完善社会主义市场经济体制的同时，我们还要积极推进行政管理体制改革、社会领域改革、文化体制改革等，使之相互支持、相互配套。当前，一些经济改革攻坚，包括垄断行业改革、财政体制转型、收入分配体制改革、价格改革等，都离不开政府改革和政府职能转换。党的十六届五中全会指出，"加快行政管理体制改革，是全面深化改革和提高对外开放水平的关键。"加快行政管理体制改革，主要指加快政府改革和政府职能转换。当前，加快政府改革，改变政府越位、错位和缺位状态，特别是其中的越位状态，更好地发挥市场优化资源配置的功能，对经济改革攻坚至关重要。社会领域改革，如医疗卫生体制改革和社会保障体系建设等，在很大程度上就是经济改革的重要组成部分。文化体制改革也同经济改革息息相关，其中发展文化产业是发展第三产业的重要内容。

总之，做好改革的顶层设计和总体规划，对于今后顺利推进经济改革和其他改革，完善社会主义市场经济体制，从而顺利推进转方式、调结构、惠民生，以及实现到 2020 年全面建成惠及十几亿人的小康社会的目标，都具有重要的现实意义。

择机强力推进改革

进一步改革，除了凝聚改革共识，做好顶层设计，还要付诸行动。有些改革，如收入分配制度改革、垄断行业改革，可能要在做好顶层设计后才能系统推开；但也有许多改革，特别是有利于稳中求进的改革，是在当前就可以强力推进的。笔者认为，比较重要的经济改革有以下几个方面。

第一，稳步推进利率市场化改革。利率市场化意味着商业银行存贷款利率由资金供求关系形成，并逐步改变长期以来不合理的负利率状态。负利率会刺激对资金的过度需求和投资增速过快，引发通货膨胀和物价过快上涨，影响经济稳定。实际利率转正后，储户在银行的存款就不会越存越少，这有利于中低收入者增加财产性收入，而不会盲目地把有限的资金投入股市等高风险行业并常常受损。利率市场化有利于资金的有效和优化配置，有利于转方式、调结构，有利于规范金融市场秩序。因此，为了更好地推动中国经济转型，有效治理通货膨胀、稳定物价、稳定经济，应不失时机地推进利率市场化改革。

第二，推进重要资源产品价格改革。要逐步使各种资源产品价格真正能够反映市场供求关系、资源稀缺程度和环境损害成本。总的来说，是要逐步提高各种资源产品的价格，通过价格杠杆促进资源的节约和有效利用，促进资源节约型、环境友好型社会建设。资源产品价格改革并不光是涨价，在改革过程中，要力求在这些产品的生产和供应中积极引入竞争机制，打破垄断，改善管理，降低成本，使之在一定程度上对冲涨价压力。同时，对于居民用水、用电、用气等价格的调整要采取慎重的态度，在提价时要考虑居民的承受力，分步进行。

第三，深化财税改革，逐步向公共财政转型，着力调整和优化支出结构。继续推动营业税改为增值税的增值税扩围，继续推行对小微企业减免征收所得税；可以考虑像有的国家那样，对最基本的食品免征或低征增值税，以减轻居民食品支出负担；扩大房地产税征收试点，将政府收入全部纳入预算管理。财政支出主要用于向居民提供公共产品和服务，而不是用于经济建设。财政支出要向"三农"倾斜，2011年财政用于"三农"支出首次超过1万亿元，同比增长21%以上，但是仍未达到财政收入24.8%的增速；财政支出要加大扶贫开发力度，让贫困人口尽快脱贫过上好日子，共享改革发展成果；财政支出应继续增加对教育、科学技术、社会保障、廉租房建设、公共医疗卫生、保护生态和环境、公共文化等投入，为老百姓提供更多更好的公共产品和服务，逐步改变我国公共产品和服务相对短缺的状态。

第四，放宽市场准入，扩展民间资本活动空间，特别是让民间资本更多地进入服务业，加快第三产业发展。温家宝总理在今年 3 月 5 日作的政府工作报告中指出，"完善和落实促进非公有制经济发展的各项政策措施，打破垄断，放宽准入，鼓励民间资本进入铁路、市政、金融、能源、电信、教育、医疗等领域，营造各类所有制经济公平竞争、共同发展的环境。"这样做，可以加快第三产业的发展，优化我国产业结构，改变我国服务业发展相对滞后的状况；可以大量增加就业岗位，特别是可以安排更多的大学毕业生就业，并增加新就业人员和家庭的收入；可以满足老百姓多方面的服务需要，提高服务质量，降低服务收费，是一举多得的事情。

第五，加快推进政府改革。政府改革涉及范围很广，这里说的主要是政府职能转换问题，特别是政府经济职能的定位问题。当前政府改革最重要的是要处理好政府与市场的关系，改变政府越位主导资源配置的状态，从全能型政府、发展主义政府转变为服务型政府，切实履行好经济调节、市场监管、公共服务和社会管理职能。政府不再以追求短期 GDP 最大化作为主要目标，考核政府官员的业绩也不是唯 GDP 最大化，而是以是否为老百姓增收入、谋幸福为主要标准。要使经济社会转移到科学发展的轨道，推进转方式、调结构，关键在于切实推进政府改革和政府职能的转换。

[**延伸阅读 2**]

记酝酿经济改革重要思想的专家会

中国 1978 年底实行改革开放后，经济迅速起飞，1979～2011 年，年均经济增速达 9.9%，2010 年起已成为世界第二大经济体，2011 年人均 GDP 为 5400 美元，已进入中上等收入国家行列，创造了世界经济发展史上的新奇迹。

中国 1978 年底实行改革开放到现在，在制度创新方面最重大的有三件事。一是改革开放初期农村实行家庭联产承包责任制，使农业生产迅速恢复和发展，很快就改变了新中国成立 30 年来农产品全面紧缺、限量供应的局面。二是 1992 年确立社会主义市场经济体制改革目标，为此后中国经济的高速增长提供了稳定的制度安排。三是 2001 年底加入世界贸易组织，使中国加快融入经济全球化进程并从中受益。这三大改革是中国 1978 年以后 30 多年来经济飞速发展的最强大的动力。

本文所说的，是关于上述第二大事件，即社会主义市场经济体制改革目标确立过程中重要思想酝酿的故事，也就是江泽民总书记 1991 年 10 月至 12 月主持 11 次专家座谈会（每次半天）的有关情况。我是这 11 次会议的参加者，虽然时间已过去 20 年，很多材料尚未找到，但对当时的情况仍然记忆犹新，特作简要回顾。

一 背景和座谈会设计

据了解，1991 年 8 月初，江泽民总书记就开始酝酿召开若干次座谈会，对一些重大经济问题进行系统研究和讨论，主要目的是为次年党的十四大有关经济体制和政策纲领提法进行酝酿，听取意见。当时，江泽民同志找了一些对经济体制和经济政策有研究的同志（如吴敬琏、周小川）谈话，请他们作准备。

改革开放初期，中央就提出要在经济管理体制中利用市场调节，尊重价值规律的作用。1982 年党的十二大明确提出"计划经济为主、市场调节为辅"的指导方针。1984 年党的十二届三中全会提出社会主义经济是"公有制基础上的有计划的商品经济"，使大家的认识跨越了一大步。1987 年党的十三大提出社会主义有计划商品经济的体制，应该是计划与市场内在统一的体制，计划和市场的作用范围都是覆盖全社会的，新的经济运行机制总体上来说应当是"国家调节市场，市场引导企业"的机制。但 1989 年政治风波后，一些经济学家和经济工作者对前一段"市场取向"改革产生怀疑，有人甚至提出要回到计划经济体制。而另一些经济学家则认为应当坚持"市场取向"改革，有的主张实行有宏观管理的市场经济体制。这种争论在 1990、1991 年比较激烈，报刊上也发表了一些表达不同观点的文章。为了更好地坚持党的十一届三中全会改革开放路线，凝聚改革共识，需要召开专家座谈会，广泛听取有关专家的意见，以便为预定在 1992 年召开的党的十四大需要提出什么样的经济体制作为经济改革的目标，关于计划与市场的关系应作何表述，提出具有前瞻性和现实可行的方案与构想。这就是召开十一次座谈会的社会思想理论背景。

参加这 11 次座谈会的专家大部分是经济学家，其中有中国社会科学院的刘国光、蒋一苇、李琮、陈东琪、张卓元，国务院发展研究中心的吴敬琏、王慧炯、林毅夫，国家体改委的杨启先、傅丰祥、江春泽，中国银行的周小川，国家计委的郭树清，以及外交部、安全部、中联部等专家，总共不到 20 人。每次会议均由江泽民总书记主持，一些中央领导同志出席了其中一些会议。

这次座谈会讨论了三个问题，首先分析资本主义为什么"垂而不死"，其体制机制和政策有哪些是值得我们借鉴的东西。其次对苏联和东欧国家这几年的剧变进行分析，研究是什么因素导致苏东各国经济和社会发展出现停滞和危机，以致发生解体和剧变。在对这两个问题进行深入分析基础上，敞开思想，对我国如何进一步推进改革开放的重大问题进行研讨。由于本文主要是论述专家座谈会对确立我国社会主义市场经济体制改革目标的重要性，因此主要是介绍第三个议题的讨论内容和成果。这也是这次讨论会讨论最多的问题，总共 11 次讨论会中这个议题就占了 5 次。

江泽民总书记在一开始主持会议时就明确指出，这个座谈会是内部研究，主要是听取大家对所讨论的 3 个问题的意见，不作结论。他在每次会议过程中都有简短发言或插话，多次引用参会人员的观点，并就一些问题提出了初步意见。会议充满自由讨论的气氛，会议没有桌签，与会专家到会议室后自由选座位，发言顺序不是预定的，都是临时要求发言，还可随时补充。多数人都不念事先准备好的发言稿，而是敞开思想着重讲自己的意见，也有即席发言，一般要求会后提供书面发言稿。

二 座谈会的主要成果

座谈会的最主要成果是酝酿了"社会主义市场经济体制"的倾向性提法，同时还对这一重要提法给出两点解释，一是市场在资源配置中发挥基础性作用，二是市场是有国家宏观调控而不是放任自流的。这样就为江泽民总书记 1992 年 6 月 9 日在中央党校的讲话和 1992 年 10 月党的十四大确立社会主义市场经济体制改革的目标提供了重要的理论准备。

提出社会主义市场经济体制这一重要提法，是认真研究资本主义"垂而不死"和苏东剧变的逻辑必然结果。一些专家提出，从许多国家经济发展实践看，由市场配置资源是比较有效率的，是比由计划配置资源有效的。1929 年世界经济危机后，主要资本主义国家纷纷借鉴社会主义国家搞计划经济经验对宏观经济进行调节，重视保持宏观经济的稳定运行，改善工人福利缓和阶级矛盾，以及推动科技进步等，使现代资本主义经济制度仍然能够容纳生产力的发展，并且在同实行传统的社会主义经济体制的国家的竞赛中占了上风。因此，中国社会主义制度要在资本主义包围中站稳脚跟，并且要在经济和技术上追赶发达的资本主义国家，就要大胆借鉴资本主义国家由市场配置资源的做法，使有限的资源得到高效利用，同时实行宏观调控，努力使整个国民经济稳定高速健康发展。

提出社会主义市场经济体制这一重要提法，更是总结我国改革开放十几年的成功经验的必然结果。1978 年底起实行改革开放后，由于推行农业联产承包责任制，承认农民是独立的商品生产者和经营者，同时大幅度提高农产品收购价格（1979年提高 25%），大大调动了农民生产积极性，农业迅速增产，农产品供应大量增加。20 世纪 80 年代，又逐步放开了农副产品、工业消费品和部分工业生产资料等价格，结果放到哪里活到哪里，市场迅速繁荣和扩大，各种各样商品琳琅满目，长期凭票供应的商品越来越少直至完全取消，使老百姓充分感受到"市场机制"的神奇魔力，切身体会到改革开放给大家带来真正的实惠，从而拥护改革支持改革。因此，与会专家一致认为，既然"市场取向"改革能有力地推动经济快速增长，令市场繁荣起来，能不断提高人民群众的生活水平和质量，我们就要坚持"市场取向"改革，绝不能退回到计划经济体制，而且要继续前进，建立社会主义市场经济体制，使市场在社会主义国家宏观调控下发挥基础性作用，以便更好地使国民经济进入良性循环，推动经济快速增长，不断提高人民群众的生活水平和质量。

1992年初，邓小平同志在南方谈话中指出，"计划多一点还是市场多一点，不是社会主义与资本主义的本质区别。计划经济不等于社会主义，资本主义也有计划；市场经济不等于资本主义，社会主义也有市场。计划和市场都是经济手段。"邓小平的这一重要讲话，为确立社会主义市场经济体制目标起了关键性的作用。

1992年6月9日，江泽民总书记在中共中央党校对全国省部级主要领导干部发表重要讲话，对党的十一届三中全会以来各方面对计划与市场的关系的认识发展做了系统的回顾，明确表示他"倾向于使用'社会主义市场经济体制'这个提法"。在征求意见中，这个提法得到普遍赞同。

1992年10月，江泽民总书记在党的十四大报告指出，"实践的发展和认识的深化，要求我们明确提出，我国经济体制改革的目标是建立社会主义市场经济体制，以利于进一步解放和发展生产力。""我们要建立的社会主义市场经济体制，就是要使市场在社会主义国家宏观调控下对资源配置起基础性作用，使经济活动遵循价值规律的要求，适应供求关系的变化；通过价格杠杆和竞争机制的功能，把资源配置到效益较好的环节中去，并给企业以压力和动力，实现优胜劣汰；运用市场对各种经济信号反应比较灵敏的优点，促进生产和需求的及时协调。"

由上可见，1991 年底的 11 次专家座谈会，对江泽民总书记拿定主意在党的十四大提出社会主义市场经济体制的改革目标起着重要的作用。

三　几点粗浅体会

首先，这 11 次座谈会为中国新体制明确为社会主义市场经济体制，从而明确中国经济体制改革的目标模式，起了重要的作用。回顾 1991 年秋冬，当时经济学界怀疑社会主义市场经济体制的大有人在，报刊上常可以看到不赞成搞社会主义市场经济体制的文章。可以说，这 11 次座谈会最重要的意义就是为中央下决心确立社会主义市场经济体制改革目标提供必要的智力支持，促成党的十四大明确中国经济体制改革的目标模式，并使此后社会主义市场经济理论成为中国经济学界的主流观点，有些原来对社会主义市场经济理论表示有疑虑的经济学家也转而公开表示接受十四大决定（如苏星同志，他在 1997年出版的《论外集》中讲了自己认识的转变过程），只有个别经济学家实际上不赞同社会主义市场经济理论。但这已无碍中国改革发展大局。

其次，从研究经济思想史的角度，披露 1991 年冬 11 次专家座谈会内容，可以更充分说明社会主义市场经济体制改革目标确立的过程和根据。我过去写的或主编的一些论著（如中国社会科学出版社 2009 年和 2011 年出版的《中国经济学 60 年（1949～2009）》《新中国经济学史纲（1949～2011）》），对于为什么 1992 年确立社会主义市场经济体制改革目标，都是归结为一方面 1991、1992 年就有经济学家主张把社会主义市场经济体制作为中国改革的目标，另一方面邓小平 1992 年年初南方谈话的推动，而对于时任中共中央总书记的江泽民同志为何于 1992 年 6 月 9 日在中央党校主张用社会主义市场经济体制作为改革的目标模式没有做很好的交代和说明。现在看来，正是 1991 年举行的 11 次座谈会，由于与会专家基本形成了社会主义市场经济体制可以作为改革目标的共识，包括对这一新体制的两个要点或含义（一个是市场在资源配置中起基础性作用，一个是社会主义国家的宏观调控）达成了共识，所以为江总书记 6 月 9 日的讲话提供了理论上的准备。总之，我们从党的十四大报告看到并至今仍沿用的改革目标即社会主义市场经济体制及其经典含义（使市场在社会主义国家宏观调控下对资源配置起基础性作用，或市场对资源配置起基础性作用要与国家的宏观调控结合起来），可以说是直接发端于 1991 年的 11 次专家座谈会，或者说其重要思想准备源自这 11 次座谈会。

最后，1993 年党的十四届三中全会《关于建立社会主义市场经济体制若干问题的决定》即"50 条"，是中国市场化改革的一个很好的顶层设计，其中关于社会主义市场经济体制五大支柱至今仍然有很强的指导意义，决定指出："必须坚持以公有制为主体、多种经济成分共同发展的方针，进一步转换国有企业经营机制，建立适应市场经济要求，产权清晰、权责明确、政企分开、管理科学的现代企业制度；建立全国统一开放的市场体系，实现城乡市场紧密结合，国内市场与国际市场相互衔接，促进资源的优化配置；转变政府管理经济的职能，建立以间接手段为主的完善的宏观调控体系，保证国民经济的健康运行；建立以按劳分配为主体，效率优先、兼顾公平的收入分配制度，鼓励一部分地区、一部分人先富起来，走共同富裕的道路；建立多层次的社会保障制度，为城乡居民提供同我国国情相适应的社会保障，促进经济发展和社会稳定。这些主要环节是相互联系和相互制约的有机整体，构成社会主义市场经济体制的基本框架。"而1991年11次座谈会上江泽民总书记插话和专家发言，也对"50条"的诞生提供了许多重要观点和素材。比如，既要利用外资，也要发展国内多种经济形式；要试验搞股份制，而且要找几个大的企业试一试；扩大对外开放，敢于利用外资包括世界银行贷款，发展对外贸易，多搞外贸信贷；尊重人才、重视科技进步；加强和完善宏观经济调控；等等。这50条，为新体制设计了比较好的框架。决定还明确了国企改革的方向是建立现代企业制度，不再沿用实行多年的承包制。现代企业制度的基本特征是产权清晰、权责明确、政企分开、管理科学。这四大特征研究的时间最长，还是特别请当时国家经委负责人陈清泰等到玉泉山与文件起草组共同研究定下来的。决定提出了劳动力市场概念也是一大突破，过去只提含义不清的劳务市场而不敢提劳动力市场。现在看来，经过近20年的努力，这"50条"大部分已基本实现或初步实现，但仍有一些尚未实现，国企改革、建立现代企业制度就是其中比较突出的，因此这一文件至今仍然具有现实意义。

今年是社会主义市场经济体制改革目标确立20周年，我在报刊上发表了几篇文章讲确立这一目标的形成过程及其理论与实践意义。由于1991年11次专家座谈会的材料尚未披露，在论述改革目标确立的形成过程时显得过于简单。只有把这11次专家座谈会材料补上，把这11次会议的成果作为社会主义市场经济体制改革目标确立的重要来源，才能增强改革目标确立的丰富内容和真实性，也是全面客观研究经济思想史非常重要的、必不可少的素材。这也是本文对这一往事作简要回顾的重要目的。

二〇一二年十月

后　记

　　本书是在社会科学文献出版社谢寿光社长、恽薇编辑的鼓励、支持下写出来的，特致谢意！本书主要是论述我个人对党的十八届三中全会《决定》中经济体制改革部分的一些学习体会。限于水平，论述不一定全面，敬希读者批评指正。

　　本书除主体部分外，还附录了十八届三中全会前我发表的八篇文章，涉及社会主义市场经济理论、基本经济制度、价格改革等问题，可以作为阅读主体部分的参考。

　　经济研究所程锦锥博士为本书做了许多具体工作，特此致谢！

张卓元

二〇一四年五月

图书在版编目(CIP)数据

经济改革新征程/张卓元著. —北京：社会科学文献
出版社，2014.7
（全面深化改革研究书系）
ISBN 978 - 7 - 5097 - 6150 - 2

Ⅰ. ①经… Ⅱ. ①张… Ⅲ. ①经济改革 - 研究 - 中国
Ⅳ. ①F121

中国版本图书馆 CIP 数据核字（2014）第 126436 号

· 全面深化改革研究书系 ·
经济改革新征程

著　　者／张卓元

出 版 人／谢寿光
出 版 者／社会科学文献出版社
地　　址／北京市西城区北三环中路甲 29 号院 3 号楼华龙大厦
邮政编码／100029

责任部门／经济与管理出版中心　（010）59367226　　责任编辑／恽　薇
电子信箱／caijingbu@ ssap. cn　　　　　　　　　　责任校对／赵敬敏
项目统筹／恽　薇　　　　　　　　　　　　　　　　责任印制／岳　阳
经　　销／社会科学文献出版社市场营销中心　（010）59367081　59367089
读者服务／读者服务中心（010）59367028

印　　装／三河市尚艺印装有限公司
开　　本／787mm×1092mm　1/20　　　　　　　　印　　张／12
版　　次／2014 年 7 月第 1 版　　　　　　　　　　字　　数／146 千字
印　　次／2014 年 7 月第 1 次印刷
书　　号／ISBN 978 - 7 - 5097 - 6150 - 2
定　　价／45.00 元

本书如有破损、缺页、装订错误，请与本社读者服务中心联系更换
▲ 版权所有　翻印必究